JN076539

日本型民主政治とは衆愚政治なのか

日本の政治風土の問題

青木育志　著

目次

はじめに――民主政治の欧米型と日本型

民主政治の捉え方

民主政治をどう捉えるか。これについては、二十一世紀初頭においても、地球的規模においては、未だ定まった見解が支配的になっているとは言いがたい。一方で、ヨーロッパやアメリカなどで、自由主義的民主政治の制度が固まっているのに対して、他方ではロシアや中国などの独裁国や共産主義国においても、民主政治を行っている、と主張しているし、アジア、アフリカなどの低開発国においては、民主政治にはほど遠い状況のところもある。

ロシアや中国などの独裁国や共産主義国が行っている政治制度が、民主政治かどうかは別問題として置くとして、自由主義的民主政治が支配的とされる地域においても、自由主義と民主政治をどう捉えるか、についても定説があるとは認められない。

一つの有力な考え方というのは、近代イギリスにおいて自由主義が生まれ、アメリカにおいて民主政治が生まれた、とするものである。イギリスの清教徒革命にしても、名誉革命にしても、ときの権力者の恣意性を制限し、国民の権利を認めさせ、国民の代表による議会の権利を認めさせるものであった。権力からの自由を獲得した自由主義であった、とされる。ここでの成果としては、マグナ・カルタ、権利の宣言、人民協約、権利の章典などがある。

この場合、国民一人ひとりに選挙権が与えられたわけではない。議会を構成していた貴族やジェントリーやヨーマンリーだけが議会に席を与えられるに過ぎなかった。これは厳密には中世の身分制議会のことであった。ここで選挙という制度が採り入れられたわけではなかった。そういう意味でこの段階では民主政治はなかった、とされる。この考えでは、男女普通選挙が初めて導入される二十世紀初頭に、イギリスに民主政治が導入された、となる。

一部の国民層の者とはいえ、それらから成る議会が国王から権力の一部を奪取し、それを行使していくことは、自らのことを自らで決定して実行していく、ことは自治ということであり、自治こそが民主政治である、との考えも成り立つのであり、この考え方から言えば、清教徒革命から名誉革命へ、さらにはさらなる議会政治の確立への動きは、議会が全国民を代表しているとは言えないものの、議会による自治活動の活発化を捉進するものであり、民主政治の進展とは言えるのである。イギリス議会政治の進展の中に民主政治的要素があった、ことを重視する政治学者としては、アレキサンダー・ダンロップ・リンゼイがいる。

民主政治の欧米型と日本型

民主政治の発生元については、古代ギリシアやローマは別として、近代においては、イギリスが発生元であるとする説と、アメリカが発生元であるとする説が、対立しているものの、明治維新以降の近代日本はイギリスやアメリカを民主政治の手本として、その制度の導入を図ってきたのである。戦前の帝国憲法下においては、憲法全体としてはプロシア型となったものの、議会と内閣のあり方としてはイギリス型を手本としたのであり、戦後の日本国憲法においては明確にイギリス型の議院内閣制を採用して、手本とした。

しかし現実には、イギリスさらにはアメリカ、その他の欧米諸国の政治運営状況と、日本のそれとは大きく異なっている。民主政治を目指す制度はほぼ同じなのに、その運営状況は大きく異なる。これはそれぞれの政治風土あるいは政治文化が異なるからなのである。ここに、政治学においても、政治風土論や政治文化論が成立することになる。日本の戦後政治学においても、篠原一、石田雄、中村菊男、中川八洋、山本七平、大塚桂などが研究してきた。しかしいずれにも賛同はできない。とすれば自ら民主政治運営の欧米型と日本型の違いを明らかにする他はない。本書にはこういう狙いがある。

欧米型と日本型の違いの概略

同じ民主政治と言っても、その実際の運用では、驚くほど違いがある。①議会内における首相・閣僚答弁では、欧米では原稿なしで行うが、日本では官僚が起草した原稿を読み上げている。②欧米では、閣僚はほとんどスペシャリストであるのに対して、日本では、ほとんどがジェネラリストである。③欧米では、首相（大統領）の任期は総じて長い。対する日本の首相の任期は総じて短い。閣僚に関しても、欧米では、その任期は一首相（大統領）のもとほぼ同期間であり、同様に長期であるが、日本では一首相のもと何人も入れ替わり、総じて短期である。

④欧米のメディアは何党を支持するか、立場を鮮明にしているが、日本のメディアは不偏不党の立場を採り、何党を支持するか、立場を明らかにしていない。⑤選挙戦での候補者演説会について、欧米では問題ある候補者演説会に行って質問し、人定めをするが、日本では支持する候補者演説会に行って演説を聞く。⑥小中高の教育において、欧米では議論教育、公民教育（有権者教育）がある。日本においては議論教育、公民教育は行われていない。

欧米型と日本型の違いの発生源

このように同じ民主政治とは言っても、その運用法は天と地ほどの違いがある。その違いが生ずるのはなぜであろうか。欧米人と日本人の差だと言っても、解決にはならないだろう。西洋文明と日本文明の差だ、としても同じことだろう。

それでは、実益のある比較研究法としては、どういう方法があるだろうか。一つは各々の政治情勢を歴史的に解明していく方法がある。イギリスのピューリタン革命、名誉革命、その後の議院内閣制の固まり具合を検討していく。アメリカ独立革命から、憲法制定、その後の政治制度確立までを検討する。それに対して日本においては、帝国憲法制定からの議会と内閣の動き、戦後の新憲法制定からその後の制度確定までを検討する。ここからはいろいろ細かいことは、指摘できるだろうが、統一した少数原理を抽出するのは気が遠くなることになろう。

それよりもいっそ統一的原理（この段階では仮説）を想定し、そこから欧米と日本の現象を説明できるか試みて、それができるのであれば、それを真理に近いと見なす方法しかない。本書ではこの方針に従って、この「はじめに」において、原理を提示し、各局面において、それが妥当するか検証していくことにする。

ここにその原理とは、「議論のありなしが民主政治の変容を実現させる」という原理である。もっと突き詰めて言えば、議論をベースにした民主政治が本当の民主政治であって、議論なしの民主政治とは疑似民主政治であって、その実、衆愚政治である。そして各局面とは、議会・立法局面（第1章）、行政・官僚局面（第2章）、外交・交渉局面（第3章）、メディア・

報道局面（第4章）、選挙・投票局面（第5章）、教育局面（第6章）である。

さていよいよ欧米と日本を分ける原理のことを語るときにきた。私は今まで欧米文明と日本文明を考察する本を二冊書いてきた。『「敵対型文明」と「温和型文明」』（2021年）においては、①欧米文明の「戦略」に対するに日本文明の「非戦略」、②同「議論」に対するに同「非議論」、③同「原則（イデオロギー）」に対するに同「人間」、④同「一神教」に対するに「日本教」を対置した。ここに、①は軍事対立の場合であり、②は非軍事の場合の外交交渉などの場合であり、③は俗世間における人間関係の場合であり、④は聖なる世界における人間関係の場合である。

次の書『文明と野蛮が交錯するとき』（2022年）においても、両文明を分ける原理としては、基本的には前著と同様の立場である。ただ当著においては、前著での③と④とは「行動指針」として統合されている。ここに前著の③と④は表と裏の関係とでも言えるのであり、③と④の両方を含む原理として捉えているのである。

ここから言えることは、①「戦略」と「非戦略」は軍事行動での原理であるので、本書での政治原理の究明にはほぼ無視してよいのであり、政治原理の追求では、上記の②「議論」と「非議論」、③「原則」（イデオロギー、一神教）と「人間」（日本教、世間教）の二原理が関係している、と言える。つまりこの二つの原理が欧米の民主政治と日本の民主政治を分けている、と言えるであろう。より厳密には、②の「議論」と③の「原則」（イデオロギー、一神教）が欧米の民主政治を形成し、②の「非議論」と③「人間」（日本教、世間教）が日本の民主政治を形成しているのである。

欧米文明と日本文明を分けるもの

上記二書において、大陸文明と日本文明を分ける原理としては、「原則関係社会」と「人間関係社会」（グレゴリー・クラーク）、「観念原理主義」と「情緒原理主義」（中山治）を採用してきた。ここで、大陸文明は「原則関係社会」「観念原理主義」社会であり、それに対して日本文明は「人間関係社会」「情緒原理主義」社会である。

ここにおいて、大陸文明における「原則関係社会」「観念原理主義」や、日本文明における「人間関係社会」「情緒原理主義」の原理そのものについては、上記二著を見ていただくとして、簡単にクラーク理論「原則関係社会」と「人間関係社会」を記すと次のようになる。

大陸文明では、①近代的な部分では、抽象的理論（原則、イデオロギー）が社会を律する。②理性（リーズン）を活用し、論理（ロジック）の力によって、理詰めの議論を行う。③普遍的と思う宗教や道徳に服する。④原則、イデオロギーで社会を防衛しているので、外部からの思想やイデオロギーには排他的である。

それに対して、日本文明では、①近代以前のものがそのまま残っていて、抽象的理論（原則、イデオロギー）が社会を律することはない。②感情（エモーション）による直感によって、なあなあの意志疎通を行う。③その地に自然発生する道徳に服する。④原則、イデオロギーで社会を防衛していないので、外部からの思想やイデオロギー導入には寛容である。ここから、集団主義の日本、組織に弱い日本人、複雑過ぎる人間関係、法律無視・契約無視の社会、すばらしき平等社会が出てくる、とする。

ここに本書のテーマである「議論のありなしが民主政治の変容を実現させる」原則からすれば、最も重要なのは、欧米での②「理性（リーズン）を活用し、論理（ロジック）の力によって、理詰めの議論を行う」であり、日本での「感情（エモーション）による直感によって、なあなあの意志疎通を行う」である。この違いが大きいのである。この違いが第6章「教育面での違い」となるのである。いや「教育面での違い」が両者間の違いをより大きくする、と言うべきであろう。

「議論のありなしが民主政治の変容を実現させる」の立場からすれば、中山治理論の「情緒原理主義」から少しピックアップすれば、いっそう分かりやすくなる。一つには日本文明は「原理依存的」ではなく、「状況依存的」である。その例として、「鬼畜米英」から「マッカーサー万歳」へ、国家神道から宗教なしへ、一夜にして変わる。これは日本文明が観念（原則、イデオロギー）に依存せず、周囲の状況に依存しているからである。つまりそこには「観念の脆弱性」がある。

もう一つは、欧米の観念（原則、イデオロギー）に代わるものは「集団情緒」である。集団情緒とは「ビッグ・ブラザー」（オーウェルの『1984年』）のことである。あるいは山本七平の言う「空気」（『空気の研究』）である。あるいは「同調圧力」と言ってもよいかもしれない。

ディベート方式の議論法

「議論のありなしが民主政治の変容を実現させる」の立場からすれば、欧米人の議論法をまとめれば、次のようになる（図1を参照）。

①まず最初に、自己の訴えたいポイントをまず提示する。それもディベート方式に、ディベートの論題（クレーム）を提示し、それに自分は賛成か、反対かを表示する。つまり、議論の結論をまず述べることになる。

②次に、その論題についてなぜ賛成（反対）するのか、その理由を述べていく。その理由がいくつもある場合は、重要性の高い順に述べることになる。第一の理由、第二の理由、第三の理由と説明していく。

③各々の理由の説明では、論題を支えるデータ（ファクト、エビデンス、事実）を明示する。データとは事象についての個別の事実とか、歴史的事件、それらを総合に捉えた統計とか、それについて述べた書物での記述、テレビなどの映像などである。これらのデータを示すことによって、論題が成り立つことを証明する。ファクトは何なのか、徹底して情報収集する態度が必要である。

④データを示すことによって、論題が成り立つことを示すには、そう判断することが妥当である、とするワラントを用いる。ワラントとは理由づけのことであり、ロジックの諸原理がそれに当たるが、それ以外にも人類が今まで前提としてきた諸原理もそうである。ここでは、ロジックに則らない屁理掘や詭弁ではなく、ロジックに則っとることが必要である。

図1　ディベート・モデル

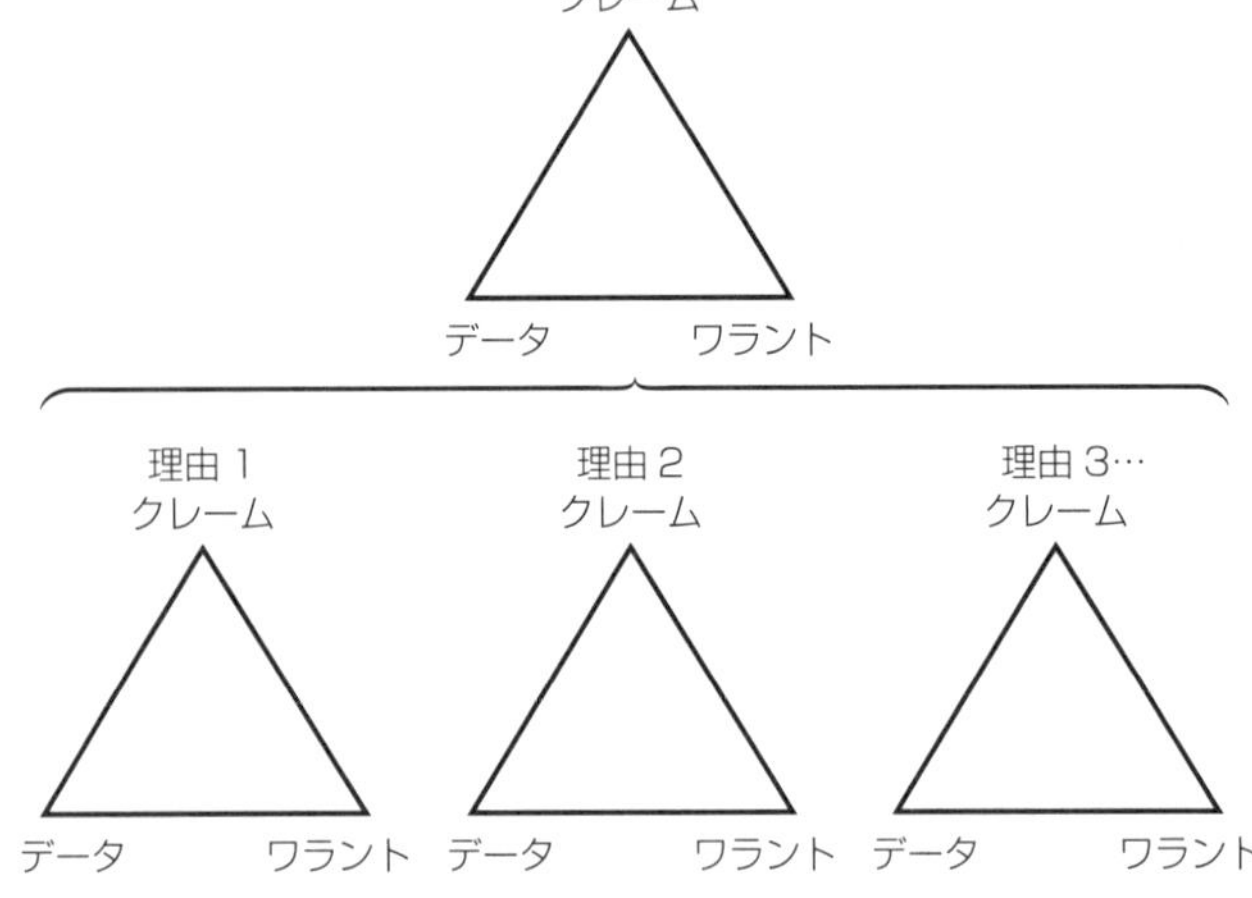

⑤相手の主張を崩そうとする場合は、相手のデータを攻撃するか、相手のワラントを攻撃する。データに関しては、相手の提示するデータの妥当性を点検する。データが古くて、現代にマッチしないかもしれない。相手のデータと当方のデータの差異を追求することもできる。ワラントについては、ロジックの誤りである「論点窃取の虚偽」「論点相違の虚偽」などを犯していると明らかにし、ロジックに基づかない「屁理屈」「詭弁」になっていることを糾弾する。

⑥相手の主張を崩す場合のもう一つの手法としては、相手の主張どおりに行われた場合に、現状よりも更なる別の難点（悪い現象）が生ずる、ことを追求する手がある。当方の主張の場合も難点があり、相手にもある場合、どちらの難点を避けるべきか、となり、より重要度の低い難点を避けることになる。このような説明法は「理路整然とデータとワラントを示して説明する」とも名づけられよう。

ディベート要素とその効果

デイベートについては、改めてその議論の基本を示せば、次のようになる（図1の各三角形に注目）。

①論者は「◎◎は△△である」という形式のクレーム（論題）を提示する。この場合に◎◎とはどういうことか、△△とはどういうことか、を定義する。

②それが正しいことを、データ（ファクト、エビデンス、事実）とワラント（理由づけ）をもって証明し、相手を説得しようとする。このときデータを説明する言葉は英語ではビコーズ（because）以下の文であり、ワラントを説明するのはシンス（since）以下の文となる。

③データとワラントをもってクレームが正しいことを証明するのはロジックである。

④議論の性質によっては、クレームを証明する理由としては複数あり、その各々の理由ごとに、データとワラントを提示していく。また、各々のデータやワラントについて、それが正しいデータやワラントであることを、下位のレヴェルでデータやワラントを使って証明する場合もある。

⑤そして相手がそのデータやワラントが間違っていることを証明しない限り、そのクレームは正しいことになる。

上記はディベートの要素を略解したが、そうした要素を含む議論を常々していくと、どういう効果があるのか。

①定義、データ、ワラント、ロジックと物事を理詰めで考えていくことになる。物事を理詰めで追求して、解決しようとする姿勢が普及する。

②哲学や科学の分野においては、理詰めの哲学や論理学や科学の発達のもととなる。事実としても、ディベートの普及している地域で、理詰めの哲学や論理学や科学は発達した。これらは

欧米においてしか発達しなかった。

③政治、経済、経営、軍事などの分野においても、理詰めの思考をすることによって、合理的解決を見つけ、改善を図ることができる。そうすることによって、判断力をも向上させることができる。そうした判断力を持った国民によって民主政治は支えられる。そうでない国民においては、民主政治は衆愚政治へと堕落する。

第1部　現状分析編

第1章 議会・立法の問題

第1節　欧米型と日本型の違い

①議会などにおける、首相と閣僚への質問と答弁に関しては、欧米では質問する方も答弁する方も、原稿なしが当たり前である。日本では、質問する側も答弁する側も原稿を読み上げるのが普通であり、それは官僚が起草したものである。

②議員立法については、欧米では大いにありうることである。日本では、ほとんどない。戦後すぐでは、田中角栄がした程度である。これには、大統領制の国では、議会は大統領とはまったくの別組織なので、議会が主導的に立法することがあるが、議院内閣制の国では、政府立法が主流となり、議員立法はしにくい、という背景がある。

③政治家と官僚の関係では、欧米では官僚は政治家の従者である。日本では形式上は官僚は政治家の従者であが、実質上は官僚が主人で、政治家は従者である。政治家は官僚の操り人形である。ただし、最近は少し変わりつつある。

第2節　欧米型の原型

(1) 欧米の議場と議論法

議場の型

欧米の議会の構成・配置ということでは、大きく分けて二つある。一つは（a）細長い長方形議場で、与党側、野党側が対峙（たいじ）するようになっていて、イギリス型と言われる。イギリスとイギリス連邦加盟の国で採用されている。もう一つは（b）正方形または長方形議場で、議長席を中心に議員席が半円形に広がっていて、大陸型と呼ばれる。アメリカ、フランスをはじめ、圧倒的に多くの国で採用となっている。

イギリスの長方形議場

イギリス型長方形議場の特徴は次のとおりである。

①与党と野党が向き合う長方形の議場である。互いにディベートをするための議場である。

②議員全員の出席を前提とはしていない。座席は固定されていない。あるテーマについて発言

し議論に参加しようという議員のみが着席する。幹部席（front bench）には机がついているが、平議員席（back bench）には机はついていない。

③幹部（front bencher）は最前列に着席し、平議員（back bencher）の着席位置はその後列であり、自由着席となっている。

④最後列からマイクなしに話しても、相手の最後列まで聞こえるくらいの距離になっている。従って議場は半円形型議場に比べて小さい。

⑤会場が狭く、場内は静まりかえっているので、発言者は声を張り上げることもなく、冷静に、理性的に議論を行うことができる。

アメリカなどの半円形議場

大陸型半円形議場の特徴は次のとおりである。

①議長席と演説者用演台を中心に議員席が半円形に広がる議場である。演説者のスピーチを聞くための議場である。

②議員全員の出席を前提としている。座席は固定されている。一般に全議席に机がついている。

③国によって異なるが、一般に幹部は最後列に着席し、平議員の着席位置はその前列であり、

固定されている。
④演壇からマイクを通して話して、その発言者の発言、態度が見聞きできる程度までの、また議員全員を収容できる規模の、大きな議場となっている。
⑤会場が広いだけに、場内は騒々しく、演台からの演説は絶叫演説（exclamation speeches）、原稿演説（written speeches）にならざるをえず、冷静な、理性的議論はしにくい（ジェームズ・ブライス『アメリカン・コモンウェルス』）。

議場における議論の型

議場における議論の型としては、（a）イギリス型長方形議場に対応するものとして、「問題解決型議論」（problem-solving deliberation）が、（b）アメリカなどの半円形議場に対応するものとして、「アリーナ型議論」（argumentative arena）または「対決型議論」（adversarial deliberation）がある。これらの用語はアメリカの政治学者のネルソン・ポルスビーのものであるが、その用法には同意できない部分もあるので、ここでは用語のみを借用して、その用法を離れて、筆者の理解する事象を説明する。

（a）「問題解決型議論」は実務的政策を導出する生産的な議論、結論の出せる実質的議論であり、その典型はディベート式討論である。そのディベート式討論の形態としては、次を指摘できる。

①賛成側、反対側による主張スピーチ、質問スピーチ、答弁スピーチの交互の繰返しである。

②前の発言に関して行うスピーチ（質問発言を含む）の連続である。

③原稿のない主張スピーチ、質問スピーチ、答弁スピーチの連続ということになる。

（b）「アリーナ型議論」「対決型議論」は有権者を意識しての華々しい議論、結論の出ない形式的議論であり、その点につき次を指摘できる。この型では質問―答弁形態、スピーチ合戦形態である。そのスピーチ（演説）合戦形態としては、

①各陣営による主張スピーチの順次の実行または繰り返しである。

②前の発言に関係なく行う単独スピーチの連続である。

③原稿のある主張スピーチの連続である。

（2）イギリス議会での議論法

イギリス議会の花は本会議でのディベート

イギリスの議会（Parliament）では、貴族院でも、衆議院でも、本会議中心主義である。委員会形式のディベートもあるが、これは例外で、基本は本会議でのディベートである。ゆえにイギリス「議会の花」とは本会議でのディベートなのである。その「議会の花」たる本会議の

ディベートによって、重要議案が決せられ、イギリスの政治史を形成してきたのである。

「英国は革命を重ねて、言論の自由を牢固不抜なものとしていった。英国憲法の成立過程はまた言論の自由の確立過程でもあった。実に言論の自由こそ、立憲政治、進んでは自由民主政治の急所である」（小室直樹『田中角栄の遺言』）。

本会議においては、だいたいにおいては、法案審議とか、テーマが決まっているが、テーマの決まっていない「一般ディベート」もオーケーである。したがって、議院内においては、議員の言論の自由は完全に守られている。

名誉革命後の議会政治確立後のホイッグ党とトーリー党の対立の時代、十九世紀に入ってからの保守党と自由党の対立の時代、二十世紀に入ってからの保守党と労働党の対立の時代、常に衆議院本会議でのディベートが花開いてきた。特に十九世紀後半の保守党代表のベンジャミン・ディズレーリと自由党代表のウィリアム・グラッドストーンによるディベートは、イギリス議会史における最盛期のディベートとして語り継がれている。

本会議でのディベート原則

イギリス本会議におけるディベートの内容については、今まで『弁論術の復興』の第３章、『文明と野蛮が交錯するとき』の第６章第２節で既述してきたので、詳細についてはそれを見ていただくとして、そこでの基本原則だけは表示しておきたい。

議場にいるのは、書記と衛視を除いては、議員のみである。官僚が答弁のために座る席はない。厳密には官僚の数人はいる場合はあるが、それは稀なケースであり、閣僚が答弁するに当たり、不確かな情報しか持っていないと思われる場合のみ、ポイントとなる数字や事実を耳打ちする程度である。

であるから、本会議で議論するのは、与党側の議員か野党側の議員かの、二種類の人種しかいない。それは当たり前と読者は言うかもしれないが、イギリスの本会議の議論は、日本で言えば予算委員会での議論がそれに相当するようなものであるから、それとの比較で見ていただきたい。イギリス本会議には、答弁を補助したり、その答弁の原稿やメモを渡すような、黒子としての官僚はいない。議員のみである。その議員が原稿なしで、丁々発止でやり合うのである。

そのやり取りの原則としては、永年にわたる不文の慣例、慣行、伝統による。活字による『下院議事手続提要』（*House of Commons Manual of Procedure in the Public Business*）があるが、不文慣行の付属物（pendant）に過ぎない。現在の原則は、木下広居の記述を筆者がまとめれば、次のようになる。すなわち、①「議長指名による議長への発言の原則」、②「与党、野党交互発言の原則」、③「前発言への関連発言の原則」、④「原稿朗読禁止の原則」の四つである

（『英国議会』）。

この中では、④「原稿朗読禁止の原則」が最も重要である。この「原稿朗読禁止の原則」のために、ディベートは活きてくる。「イギリスの議会では、討論が生きている。発言はすべて即座に考えついたもので、自然に流れ出たようなものだ。前弁士の言葉の中に飛び込んで行くのであるから、聞いていて面白い。討論の題目について概論的知識は持っていても、そんなことは一言も言わない。今着席したばかりの前弁士の言ったことについて、言おうとするだけである」（木下広居『イギリスの議会』）。

イギリスの衆議院本会議での議論形態

法案審議における発言は次の流れとなる。つまり、Ａ１の発言（賛成）→Ｂ１の発言（反対）→Ａ２の発言（賛成）→Ｂ２の発言（反対）→Ａ３の発言（賛成）→Ｂ３の発言（反対）……となる。ここにＡは与党、Ｂは野党であり、これはディベート形態である。このように、与党、野党は交互に賛成発言、反対発言を繰り返していく。そのとき前発言者の発言についての批評という形で後続の者が発言していく。

このディベート議論の特徴は次のようにまとめられる。

①対話調、座談調の話し方をする。

②各政党は相手政党の主張を理解しようと努める。
③対立する政党が議論して、各々の意見が変わることがありうる。
④相手政党の考えから、第三の考えを引き出すこともできる。
⑤互いの言い分が聞き入れてもらえない場合、粛々と採決を行い、その結果に従う。
⑥「問題解決型議論」である。

クェッション・タイム

本会議では、与党と野党が交互に発言するディベート以外に、政権与党の閣僚に対して、野党が質問する「クエッション・タイム」(Question Time) がある。議会から選出された首相を首班とする内閣の大臣は議会に対して説明責任を有しているので、その機能を果たすための時間である。野党にとっては与党政府を攻撃するチャンスであるし、与党にとっては自己の政策を説明し、野党と国民に理解してもらうチャンスとなる。

質問時間はだいたい50分で、日によって担当の省が決まっていて、その省に関する質問のみが発せられ、担当の大臣から回答がなされる。各省順番なので、実際には3・4週に1度とのことである。つまり各大臣は3・4週に1度担当職務の試験を受けるわけである。質問事項は予め通知され、回答も予めまとめられているので、それで混乱することはない。回答はメモや原稿を見て行うこともある（回答のときのみ原稿読みは許される）し、それらなしで行うこともある。ただ、回答に関して、質問者は関連補足質問できる。その回答には混乱の可能性はある。

クエッション・タイムのうち、首相は別格で、首相への質問は「プライム・ミニスターズ・クエッション・タイム」（Prime Minister's Questions Time）として、別枠で設定されている。時代によって曜日、時間は異なるが、現時点では毎週水曜日、午後０時から30分間となっている。各大臣は３・４週に１度だが、首相は１週に１度の割で質問に答えなければならない。

自己の職分を賭しての真剣なやり取り

上記にあるような、一般的なディベートにおける、与党議員と野党議員の対決であろうと、クエッション・タイムにおける、首相、閣僚と野党党首または野党議員の対決においては、日本におけるような半ば八百長的なやりとりはない。すべてが真剣勝負である。切るか切られるか、勝つか負けるか、食うか食われるか、意味ある発言か、意味のない発言か、相手の主張を鋭く突き崩すか、そうでないか。まさに丁々発止のやりとりである。

日本の予算委員会のような、のらりくらりとしたやりとりを見慣れている者にとっては、まさに仰天ものである。日本の代表的な行政学者の辻清明はイギリス議会を見学して、「富樫と弁慶の山伏問答に優るとも劣らない」と表現したが、「富樫と弁慶の山伏問答も足元に及ばない」と表現すべきであったろう。

また、辻はギリシア神話の「ダモクレスの剣」にも例えている。「ダモクレスの剣」とは王座に座らされ、頭上に毛一本で吊（つる）された剣に気づく故事のことであるが、現代では栄華の中にも危険が迫っていることの譬（たと）えにもなっている。ここで辻が言いたいのは、議場での発言のやり取りによっては、大臣の場合、その首を差し出すことにもなりかねない、そんな危険な状況にあるのであって、日本の「大臣になりたい病」患者をなくしたい、減らしたい、そのように大臣になりたいと願っても、実際には身を切るような大変な思いをしなければならない、それほどの激務である、ということである。そういう者に警鐘を鳴らしたい、という思いがあったようだ（以上『陣笠の効用』）。

それはともかく、イギリス議会での首相クエッション・タイムでは、質問者は野党の党首である。したがって、与党党首・首相VS野党党首の対決となる。形は質問と答弁だが、実質はディベートによる対決である。いわば首相の適性試験である。衆議院議員の前で、近頃はテレビを通して国民の前で、そのディベート能力（debating faculty）が試されるのである。

ここで、答弁に詰まったり、ディベートで負けたとの印象を衆議院議員や国民に与えれば、その指導性に疑問符がつくことになる。だから、答える首相も、質問する野党党首も必死である。何日もかけて準備して、本番に望むのである。ここでの質問、答弁はたくさんの資料やデータを机の上に置いて、それを見ながらできるので、やりとりの内容は濃密なものになる。机はあるが資料を置かない机での、どこかの国の党首対決とは訳が違うのである。

そのやり取りの様はテレビカメラが入り出した１９８９年以降は、各家庭のお茶の間のテレビニュースで鮮やかなものとなった。強烈な印象は、トニー・ブレアー首相と野党のウィリアム・ヘイグ、イアン・ダンカン・スミス、マイケル・ハワードなどとの間で交わされた、手を振り上げ、大声で、怒った表情で、まくし立てるブレアーの演説態度であった。これこそが政治ディベートの白亜である。

速記録とディベートの価値

速記録の正式名称は「下院ディベートの公式記録」（Official Report, Parliamentary Debates, Hansard）であり、最初に業務を請け負った業者の名前から、「ハンサード」として有名である。その中身はディベート概要ではなく、誰が具体的にどう言ったかを、人物ごとの発言として記されている。

議会ディベートはおおかた深夜に終わるが、翌朝にはその速記録が印刷され、関係者に配られる。それは新聞にも掲載される。ということは速記者の多くは徹夜して作成しているかもしれない。日本では答弁原稿を徹夜して作成するが、イギリスでは速記論を徹夜して作成するが、どちらがより生産的で、意義ある行為であろうか。

速記録の活用と意味としての第一は、速記録を通して国民はディベートの方法を学ぶということである。国民はそれによって現在の争点が何であるかを知る。そして、その争点を議論するときの議論法を学ぶ。第二は速記録を通して国民は国会議員の監視を行うということである。国民は自己選挙区選出議員の動向をチェックする。発言の内容、議論展開法は良かったか。議員たるに相応しい発言か。そして、議員に相応しくないと判断すれば、次の選挙でその人に投票しないという行動に出る。こういうことで、速記録は「議会の真の鏡」「憲法の砦」なのである。

二十世紀後半に首相を務めたマーガレット・サッチャーは述べている。すなわち、「民主政治の眼目は率直で力を込めたディベートである」「信ずるところをキチンと主張し、理由を説明すれば、人は必ずついてくる」（『サッチャー回顧録』）。

（3）アメリカ議会での議員立法

アメリカ議会の議員立法

アメリカは議院内閣制ではなく、大統領と議会の並列制なので、法律は議会（Congress）

でのみ成立する。大統領には法案提出権がないので、いわば議会立法であり、議院立法である、と言える。より正確に言えば、法案を提出できる議員の数は、個人１人から25人連名まであるので、25とおりのパターンがある。

日本で議員立法と言えば、議員の個人立法または内閣立法でないもの（議員による集団立法的なもの）を言うので、日本との比較の観点からは、アメリカの場合、どこまでが議員個人立法なのか、あるいは政党立法、超党派立法なのか、その辺の線引きが難しい。それにアメリカ政治研究者が日本政治のことを念頭においているとは限らないため、日本の議員立法との比較の観点から、議員個人立法を研究している人も少なく、したがって資料も少ないし、統計表としても掲載できない。

ここでは、１人から３・４人連名くらいまでを「議員立法」と呼ぶことにする。ここでの議員立法とは、超党派立法や政党立法ではないものを指すことにする。こうした漠然とした議員立法であるとしても、それは年度により異なるものの、日本よりも圧倒的に多いことは確かである。

アメリカでいかに議員立法が多いか、その証拠として出されるのが、法案を主導した議員の名前を冠した法律である。例えば、マスキー法（自動車排気ガスの削減法案）、タフト＆ハートレー法（労使関係法）、ドッド＆フランク法（金融規制改革に関する法律）、ヘルムズ＆バートン法（キューバへの経済制裁に関する法律）、ハッチ＆ワックスマン法（医薬品の特許とジェネリック医薬品に関する法律）、マグヌソン＆スティーブンス法（漁業管理に関する法律）などなど。

アメリカで議員立法が多い理由としては、小室直樹の説を中心にまとめると、次のようになる。

①議員が法律制定に熱心である。

②既存法律との矛盾点を気にしない。新しく作った者勝ち。その矛盾を解消するのが裁判所の役割である。「こちらの法律が優先する」という判決を下す。その判例が積み重なって、実際の法の運営が定まる。

③議員それぞれに多数のスタッフがいて、法案作成のために働いている。（『日本人のための憲法原論』）

それとは別の説を出しているのはケント・ギルバートである。それによると、次のごとくである。

④議員の多くが大学で立法学を学んでいて、法案をまとめるのは生やさしいことである。その点、日本の大学の法学部では、解釈学が中心で、立法学を教えないので、日本の議員はそもそも法案作成する術を知らない。

政治家と官僚の関係

イギリス議会においては、官僚の付け入る隙はない。議会議場には官僚が入ることはないし、官僚が首相や大臣の答弁原稿を書くことはない。議会による決定に官僚は従うだけである。アメリカにおいても基本は同じである。

アメリカの場合の特殊事情は、大統領選挙によって、政権党が変わる度に、官僚の上層部は交代する。そのことから言っても、官僚が議会と大統領を統制するなんてことは考えられない。ここからして、欧米では官僚は政治家の従者である。

第3節　日本型の問題点

(1) 質問、答弁に官僚作成の原稿あり

日本の議場と討論

日本はイギリス流の議院内閣制を採っているにもかかわらず、議場の型としては議長席を中心に半円形に広がる大陸式となっている。ここからして、イギリス流の口語調のディベート合戦は望むべくもなく、演説調、絶叫調のスピーチ合戦とならざるをえない。

とはいえ、日本はアメリカ式の委員会制度も採用していて、イギリス本会議の討論を模したと思われる委員会で実質審議をして、そこで採択された法案などが本会議に上程され採決されることになる。そこで委員会での審議において、どれだけイギリス本会議における討論のような実質的な議論が行われるか、が焦点となる。

議場における議論の型

第2節（1）で示した「議場議論の型」から言えば、日本の国会における議論はどういう位置づけになるのであろうか。（a）「問題解決型議論」と（b）「アリーナ型議論」「対決型議論」を提唱したネルソン・ポルスビーの理念から離れて、日本の国会を直に眺めるとすれば、委員会での議論と本会議での議論は異なるものと判断せざるをえない。

委員会での議論は二つの議論の型の中では、（b）「アリーナ型議論」「対決型議論」ではなく、（a）「問題解決型議論」であるとは言えるが、純粋な「問題解決型議論」とは言えない。つまりイギリスの本会議での議論ではなく、言わばイギリス議会でのクエッション・タイムでの議論に近いものである。本会議の方は典型的な（b）「アリーナ型議論」「対決型議論」である。こういうことから、日本の国会における議論の型は（a）「問題解決型議論」の特殊形と（b）「アリーナ型議論」「対決型議論」とを併用した型である、と言えよう。

各委員会での審議のあり方

各委員会での審議の流れは次のごとくと想定される。

①質問と答弁
②賛成と反対の討論
③採決

実際の流れから言うと、①の質問と答弁が終わると、②賛成と反対の討論はほとんど行われず、いきなり③採決となる。ここに ②賛成と反対の討論がなされないことは、イギリス議会との対比から言っても問題である。

これには、与党、野党ともに、最終的には数の上から与党案が通ることを前提にしていることがある。反対の野党の場合、賛成論、反対論を言うよりは、質問を鋭くして、問題点を炙り出し、わーわー騒ぐ方が得策だ、との判断があるのかもしれない。与党の場合は難問とされる①の質問と答弁が終わったのだから、あとは一瀉千里に採決したい、という思いなのであろう。

いずれにしても、イギリス議会にある自由討論方式での賛成討論、反対討論が欠如している。イギリス議会においては、賛成、反対の討論の中から、第三の道が見える可能性があるのだが、日本のこの方式では、そのような可能性はまったくありえない。イギリス議会でのクエッションタイムを真似た、質問と答弁方式に特化しているのである。ここが日本型議会審議の限界である。

自由討論の廃止

戦後日本の初期国会においては、イギリスの「一般ディベート」に相当する「自由討論」の規定（国会法第78条）があったのであり、それをバックに委員会や本会議においても、質問と答弁ではない、自由討論はあるにはあったが、さしたる活用が見られなかったのか、１９５５年には空文化し実益なしとして、その条項は削除されてしまった。その結果、イギリスのように与党と野党が丁々発止とやり合う場は、委員会においても、本会議においても、なくなった。残念としか言いようがない。

質問も答弁も官僚が作成する

こういうことから、日本の委員会制度では、質問と答弁方式に特化することになったので、これに伴ってさまざまな弊害を生み出すことになる。その最大のものが、ジェネラリストでよく変わる大臣がそつなく答弁できるように、答弁を官僚に丸投げする制度を採用せざるをえないことである。

その理由としては、議員や大臣の立場からの理由がある。（a）スペシャリストでない大臣がすべての法案や問題点に精通しているわけではない、（b）ジェネラリストの大臣が政治問題について、日頃からその原因や対策を考えていないので、各々答弁で失敗があってはいけない、ということがある。実際はそれよりも、（c）委員会審議がテレビで映されるので、テレビに映る前では、格好よく質問したいし、格好良く答弁したい、という、次の選挙を睨（にら）んでのイメージ戦略からの要請という面が強い。ここに、実際は中身がないのに、中身があるかのように取り繕う、見苦しさがある。国民への偽善である。

実質討論を避け原稿に頼る原因は

質問や答弁の原稿を官僚に丸投げする理由は上記以外にもある。制度的理由である。①与党が多数を制していれば、いずれ時期が来れば政府与党提案の法案や重要事項は委員会を通過するので、わざわざ面倒くさいディベートなどせずともよい、という横柄な態度があるのかもしれない。委員会審議は通過儀礼に過ぎない、との考え方である（山本満『不毛の言説』）。

②日本の首相、閣僚は日本の議院内閣制の下での業務は多忙過ぎる。衆議院に加えて参議院でも議員の質問に答えなければならない。同じ議院内閣制のイギリスでは、質問に答えるのは衆議院だけでよい。

また、アメリカの大統領は議会に対し説明義務がないので、議会開会中か閉会中かに関わらず、外国に行けるが、日本の首相、閣僚は国会開会中は実質外国に行けない。こういう状況下では、まともに外国と張り合った政策はできないし、行政に当たれない。行政に重きを置こうとすれば、委員会説明を原稿に頼って乗り切るしかない、のが実情であろう。

ここからは、首相、閣僚の衆議院での説明を原稿なしでせよ、と迫る場合には、首相、閣僚の業務を少なくするように、議院内閣制のあり方の変更を検討すべき、となる。それをする場合には、同時に非合理的な制度の検討と改正も課題となろう。例えば、首相、閣僚の参議院での説明義務のなし化、衆議院と参議院の議員数の減少、場合によっては参議院の廃止など。

官僚作成原稿の読み上げ会

テレビに映る予算委員会での質問と答弁を見て、国民はどう思うのであろうか。「内容空疎」「内容不毛」「見せかけだけの儀式」「労力と時間の浪費」（山本満『不毛の言説』）とはよく言われることである。明らかに「出来レース」「茶番劇」である。「国民もいつしかあきれ果てるのも忘れ、政治家は役人の木偶（でく）だと諦めてしまった」「間の抜けたこと、気の抜けたビールよりも甚だし」。

「質問者は官僚が書いた原稿どおりに質問する。大臣の答弁も、官僚の原稿どおり。みんな官僚の傀儡に決まり切っている。原作、シナリオ、演出から伴奏に到るまで、みんな官僚作。これでは、視聴者だって真面目に見る気がしなくなる」（以上、小室直樹『田中角栄の遺言』）。「今の国会は役人の書いた作文の朗読会になった」（小室直樹『日本人のための憲法原論』）。

そういうことしかできない議員はどういう存在であろうか。「真の意味での「立法者（ローメーカー）」ではない。政府と官僚組織が作成する「法案の承認者」に成り下がっているのだ」（宮家邦彦『劣化する民主主義』）。

官僚作成原稿による答弁の無益性

このような官僚作成の原稿の読み上げ会に成り下がっている委員会のあり方として、どのようなマイナス面があるだろうか。専門家は次のように指摘する。

①「国会答弁は「一種の詭弁術」だから、いくら熱心にやっても、本来の仕事の勉強にはならない」。問題点の醸成などの生産性はない。議員にとっても、官僚にとっても、また国民にとっても、そう言えるだろう。

②「張り切ってあまり本当のことを書いたり言ったりすると、（上級官僚などによって）ボツになる」。本当のことが言えないとは、どういうことか。

③「差し障りのありそうなところは、みなで寄ってたかって円くしたり削ったりし、そうして

いるうちに、「蒸留水のように味もそっけもない答」ができあがる」（山本満『不毛の言説』）。

時間の無駄、行政面での停滞

それ以外にもマイナス面は多々存在する。時間の無駄、行政面での停滞がある。初めからの出来レースからは何の発展もない。質問し、回答し、それが終われば、両者ともに忘れてしまい、その質疑にかかわらず、日常の行政は昔のままである。何のプラスにもならないのに、総理以下大臣が出席し、茶番劇を演じている。本来は各大臣は所管の事項につき、行政職務に徹して、官僚たちとともに分析検討し、新しい実りある政策を立案すべきなのである。そのいう時間がとれないことを意味する。

特に、総理、外務、防衛の三大臣は寸暇を惜しんで、他国の動向や自国の動向も踏まえ、常に最新、最善の施策を立案すべきなのである。そうでないと、すわ中国の台湾侵攻だ、尖閣侵攻だ、に対して有効な手立てが打てない。これら三大臣には行政としての仕事に専念させるべきなのである。

それにもかかわらず、日本では、茶番劇のための時間を食うことが、衆議院と参議院の二つで行われている。これほど馬鹿げたことはない。イギリスは二院制だが、首相や閣僚が貴族院で説明する義務はない。アメリカでは、大統領が上院や下院で議員の質問に答える義務や制度はない。いずれも行政府の長は行政に専念している。これがイギリスやアメリカでの行政の質の高いゆえんとなっている。

ディベート力鍛錬できず、交渉に不利

最後に特筆すべきは、政治家のディベート能力が低下することである。いやこれは正確ではない。もっと言えば、日本の政治家はディベート能力を磨く機会に恵まれず、国権の最高機関である国会においても、そうすることがないので、国際的に見ても、ディベート能力が極めてまずい状態のままである。そうした人たちが閣僚となり、外国と交渉する場合には、ディベートがまずいので、ともすれば外国の閣僚などに押し切られてしまうことが多くなる。詳細については第3章第3節の中、「外交交渉でディベートできず」参照。

日本版党首討論のおかしさ

日本の国会では、イギリスでのクェッション・タイムを真似て、20年ほど前から党首討論なるものが行われているが、その導入したものは本家本元とは似ても似つかぬものになっている。イギリスでのクエッション・タイムのやり方と自由討論のやりかたをミックスしたようなものになっている。このようなやり方にいかほどの意義があるのであろうか。

余計な制度を作ると、余計な時間がかかるだけである。それに、各党の議席数に応じた時間配分になっているため、少数政党では、ほとんどディベートらしいディベートはできない。これほどおかしなものはない。

一番良いのは予算委員会で、十分な時間を与えて、官僚作成の答弁原稿なしに、首相に答えさせることである。これで首相の言論能力、施政担当能力を判断できる。それをさせるには、現行においては首相の雑務が多すぎる。参議院においても説明責任があり、それが雑務を多くさせ、その時間解消法が官僚作成の答弁原稿なのである。それらの雑務を解消する制度にしなくてはならない。

(2) 議員立法少ない

議員立法少ない

イギリス議会における法案の提出はほとんど政府提出である。野党が法案を提出しても数のうえから否決が目に見えていることもあろうが、それがあまり問題にならないのは、イギリスでは政権交代がありうるので、野党は政権をとってから、やりたい法案を提出する、ということなのかもしれない。それに対して、同じ議院内閣制を採る日本でも基本的に同じことが言えるのだが、政権交代がほとんどない日本においては、議員立法の活発化が問題とされねばならないだろう。

　日本における議員立法の成立率は良くて２割程度（この中には超党派のものも含まれていて、個人単独、複数人によるのはさらに少ない）と言われていて、ほとんどは政府提案による立法である。日本で議員立法が少ない理由は、アメリカで議員立法が多い理由との対比で言うと、次のようになる。
①議員が法律制定に熱心でない。
②既存法律との矛盾点を気にする。その矛盾をなくすため、法案にする前に、相談する部書として各議院に法制局があるが、その人員は少なく、その機能は果たせない。衆参両院の法制局は内閣法制局に比べて弱体組織である。
③議員の立法は部分利益を代表するので、全体の利益を代表するようにはなっていない。多数の賛成を得ることはができない。
④議員それぞれに少数のスタッフしかいない（以上、小室直樹『日本人のための憲法原論』）。
⑤議員の多くが大学で立法学を学んでいない。立法的ノウハウを持っていない（ケント・ギルバート説）。
　それに議員立法により成立した法律には、不備があったり、ザル法であったりする、と言われている。その原因は何であろうか。それは議員立法を助ける、衆議院法制局、参議院法制局

の機能が内閣法制局の機能よりも劣る（質量ともに）からである。その証言としては、次がある。すなわち、「国会議員がたとえ法案を作ったとしても、緻密さが違ってくる。……スキ間だらけだ。彼等が作るのはザル法なのだ。政治資金規正法がその典型だよ」（宮本政於『お役所の掟』内のある官僚の発言）。

もしそうであれば、衆議院法制局、参議院法制局の機能を強化すれば良い、ということになるが、衆議院法制局、参議院法制局、内閣法制局の三つを統一して、共通に使えば良いではないか、との意見も出ようが、ことの本質はそういうことではないようだ（第2章第3節（2）3参照）。

政治家と官僚の関係

日本において、政治家と官僚の関係では、議員どおしのやり取りや首相、閣僚への質問などにおいて、官僚作成の答弁原稿を元にしており、実質官僚が主導している姿が浮かび上がる。そして、立法においても、官僚が主導していることが露わとなっている。ここからは、官僚が主人で、政治家は従者である、ということになる。これについての最終結論は、第2章第3節の中、（2）「日本の官僚制度の問題」の中に回答を求めることになろう。

第２章　行政・官僚の問題

第１節　欧米型と日本型の違い

①議員と大臣との関係であるが、欧米では議員が大臣になった場合は、大臣の職に専念し、議会に対して説明するときは説明するが、その機会を少なくしている。例えば１院に対してのみ。それに対して、日本では、大臣の職に専念できないことが多く、議会に対しては２院に対して説明している。

②政治家の得意分野ということで言えば、欧米の政治家はある分野のスペシャリストである。これに対して日本の政治家はジェネラリストである。したがって、欧米においては、ある分野のスペシャリストがその部門の大臣になる。対して、日本では、ずぶの素人がある分野の大臣になる場合もある。

③これに伴い、欧米では大臣の任期は長い。ある首相、ある大統領のもと、スペシャリストである大臣が継続的に担当するのが普通である。日本では大臣の任期は短い。ジェネラリストなので、誰にすげ替えてもよいというので、よく変更が行われる。

④官僚の法律解釈については、欧米では官僚が法律の解釈をすることはありえない。日本では官僚が法律の解釈をすることがある。市町村庁―都道府県庁―総務省の三審制となっている。

⑤官僚の産業界への指導法ということでは、欧米においては日本式のいわゆる「行政指導」はない。対する日本においては「行政指導」が行われている。産業界の指導者、企業のトップが指導官庁の課長にかしづくことになる。

⑥行政の執行ということでは経費がかかる。その経費をどう管理するか。一般には予算制度がある。欧米においては、下記の日本の状況はありえない。日本においては、会期内で余っていれば、必要なくとも執行し、実績として対予算増減なしに（予算を使い尽くす）し、一旦確保した予算が減ることはありえず、予算は増え続ける傾向にある。

第2節　欧米型の原型

（1）欧米の行政政治家

イギリスにおいては、議院内閣制を採っているので、選挙で勝った党首が首相に指名され、その首相が自党の幹部またはその分野のスペシャリストたる者を大臣に指名する。そして議会への説明は衆議院のみで行うことになる。よって、首相を含めた大臣は衆議院１院への説明でよいので、その他の全力を行政に集中できる。省庁幹部を交えた検討会を開いて、懸案の問題について、十分な時間で、検討することができる。その結果が充実した行政として国民には跳ね返ってくる。

アメリカにおいては大統領制を採っているので、大統領は国民への説明義務はあるが、議会への説明義務はない。大統領が議会に赴くのは年頭教書発表のときと、あと数えるくらいしかない。各大臣にしても、問題が起った場合に議会に呼ばれて説明するくらいである。基本的に大統領と閣僚は行政に全力を集中できるようになっている。

欧米においては、大臣の任命においては、その政権内において、最もその分野に精通している人物に託するのが普通である。その人物はその分野ではスペシャリストなので、安心して託せるし、その人物に代わる者もいない。ゆえにその政権内では、その人物が大臣であり続ける。国民としてもその方が安心できる。

欧米では、こうした制度や運営により、行政が安定、充実している。重要問題については、行政トップと官僚、さらには在野の重要人物をも交えて、時間をかけて協議し、最適な行政施策を決定している。軍事、医療その他の危機のときも、その場合にはどうするかも検討し、マニュアル化している。

（2）欧米の官僚制度

欧米における官僚制度は一般的に、政権がどちらに変わろうとも、そのときの政権の方針のもと、それに従った業務をこなすだけである。官僚制度においては、日本で常態的にある、政治家のための原稿書き、法律の実質的作成、行政指導、官僚による法解釈、などはありえない。

イギリスの官僚制度

イギリスの官僚制は、政権が交代しても、どの政権をも支えられるように、中立性と客観性を重視した職業公務員という作りになっている。時の政権に対しては助言するとともに、法律ならびに時の政権の施策方針に従い、政府業務をこなしている。

雇用の形態としては、「資格任用制」（merit system、実績制度）を基礎として、近年は専門職が高まっているものの、オックスブリッジ卒業者を中心に、総合職中心主義が幅を効かせている。採用や給与などの人事管理については、従来は一元的な管理が行われてきた。しかし、サッチャー政権下の1980年代以降、各省への分権が進められていった。人事については、

表１　アメリカの行政機関

<table>
<tr><td rowspan="2">①大統領府</td><td colspan="2">行政機関</td></tr>
<tr><td>②執行機関</td><td>③独立行政機関</td></tr>
<tr><td>大統領の意志</td><td>閣僚の意志</td><td></td></tr>
<tr><td></td><td colspan="2">議会の意志（法の執行）</td></tr>
</table>

幹部人事も含めて、政治家の介入を自制する伝統がある（村松岐夫編著『最新公務員制度改革』）。

アメリカの官僚制度

アメリカの官僚制度の最大の特徴は、政権が変わる度に、高級官僚が２０００人、３０００人単位で総入れ替えされることである。これは「猟官制」（spoils system）と呼ばれる伝統に基づいている。選挙における勝利者が官僚の採用を決める、という仕組みである。これらのうちの最重要な職に就くには議会上院の承認が必要である。それ以外の人たちの多くは、イギリスとも同様の「資格任用制」に基づいて採用されている。

その次の特徴としては、行政を担うとされる官庁のすべてが大統領の命に従うわけではない、ということである。大統領の命に最も従うものから、最も従わないものまでを並べると、①大統領府＞行政機関の中の②執行機関＞行政機関の中の③独立行政機関、ということになる（岡山裕、前嶋和弘『アメリカ政治』）。

ということは、アメリカには三種類の行政執行機関があることになる。

ここは解釈となるが、大統領の意志を執行するのは、①大統領府と②行政機関の中の執行機関であり、議会が決定した予算や法律を執行するのは②行政機関の中の執行機関であり、大統領にも、議会にも属さずに専門的な行政を行うのが、執行機関の中の③独立行政機関なのであろう。これらの三種類もの行政機関、官僚がいるということは、アメリカのような、大統領と議会の併用制を採る制度の宿命であろう。議院内閣制の場合は、議会⇩内閣⇩官庁と一直線であるが、大統領と議会の併用制では、大統領の官庁と議会の官庁が要ることになる。

上記のことと関係あるのは、二十世紀に入ってから、官僚の数が増え続けていることである。フランクリン・ルーズベルトの段階で、同大統領を嘆げかせるほどの数になっていた。現在においても、人口比率で見ても、アメリカの官僚の数は日本の官僚よりも倍くらいに多い（西山隆行『アメリカ政治』）。官僚の存在がすべて国民の生活向上に役立っているとしたら、国民の生活という面では、アメリカは日本よりも上ということになる。あるいはムダがあるかもしれない。

数が増える要因は、何か社会的問題が生ずる度に、特別委員会を作り、その解決策を探ろうというアメリカ人気質が関係しているようで、その度にその職員を雇わねばならない。その組織は政府諮問機関となり、上記で言えば行政機関の中の③独立行政機関ということになるだろう。１９８０年の段階で、その数は約３００で、それらで働いている弁護士は約４０００人いたらしい（『民主主義は生き残れるか』）。

第３節　日本型の問題点

民主政治の先進国たる欧米においては、上記のように行政の安定、充実を図っているのであるが、日本における二度の憲法制定のときに、このようなことを学び採ろう、という配慮は皆無であったようである。第１回目の憲法制定にあたっては、どのような政体が日本に適当か、の観点でしか検討されなかった。第２回目の憲法制定のときは、イギリス型を模範とするも、議会、行政、司法の間の抑制均衡が留意されたが、行政の安定と充実が最も大切であるとの認識はなく、議会第一主義に徹して、行政の不安定と不充実が結果することになった。

（１）日本の行政政治家の問題

首相や閣僚が行政に専念できない問題

首相や閣僚が国会対応に追われ過ぎて、行政の長としての機能が疎かになっている。現行では、首相や閣僚は衆参二つの予算委員会への対応などで、必要以上の時間を取られ過ぎている。「国会重視すべき」という謳（うた）い文句で、国会は行政府を縛り過ぎている。これでは、しのぎを削る国際場裡で実質行政府が主導する日本が効果的な対応を取ることができない。首相や閣僚が国会での対応に時間を取られ過ぎなのは日本くらいである。

その解決策としては、首相や閣僚が議員の質問に答えるのは、衆議院の予算委員会だけに絞ることである。参議院の予算委員会での対応を廃止するのである。そのことによって、首相や閣僚は行政の長としての役目に専念できる。

首相や閣僚が行政に専念すべしとの考えが出てくるのは、行政の重要性が増しているからであり、特に第二次大戦後の国民福祉の充実は行政の充実によっている。昔はマルクス主義によって、国家行政は人民抑制の機関であるとの説が説かれ、それに賛同する国民もいたが、戦後の国民福祉の充実により、行政は国民福利のためにある、ことがほとんどの国民によって実感されている。それに国際政治での行政府の重要性が増している。日本を敵視する外国に対して適切な対応が取れるように、行政の長は行政に専念すべきなのである。

大臣がジェネラリストで任期短い問題

欧米の大臣、閣僚がスペシャリストであって、任期も長いということは、制度事項ではなく、運営事項ということで、日本の憲法制定時の検討事項からは完全に外されていて、その後の政治運営においてもまったく考慮されることはなかった。

日本において大臣、閣僚の任期が短い原因としては、何が考えられるであろうか。一つは、日本の政治家は何かの分野に精通しているスペシャリストが少なく、何の分野にも精通していないジェネラリストが多いし、その中から閣僚、大臣を選ぶので、ジェネラリストならば誰がやっても同じだろう、ということが挙げられる。

もう一つは、首相自体の指導力が弱く、短命であることが多いので、その閣僚、大臣も短命となることが挙げられる。首相が短命であることは、日本の政治家にはリーダーシップに欠ける人物が多いことに繋がる、ということだろう。

最後の原因としては、議員の誰もが大臣になりたがっている、ということがある。第１章ではそのことを「大臣になりたい病」と言っておいた。その最大の原因は、短期間でも大臣をやったということが、その後の選挙において、有権者に訴える力になる、ということがある。短期間でたいした実績も挙げられなかったならば、たいした訴求点にはならないはずなのだが、日本の有権者はそこまで拘泥しないことが、日本政治を軽量化することに繋がっている。大臣を経験したのか、それだけ偉いのか、と単純に信じてしまう。第５章「選挙・投票の問題」に繋がる問題である。投票行動における候補者選択判断の問題でもある。また、社会全体が衆愚にもなる問題でもある。第７章第３節「有名人当選から考える」参照。

(2) 日本の官僚制度の問題

首相、大臣の下で行政の実務を担うのは官僚である。日本の官僚は国際的には優秀であるとの評価は高いが、他方で欧米では見られない種々の日本特有の習慣を有するのも事実である。そのような日本独特の習慣、制度が日本の政治をおかしくしている、との指摘は政界、政治評論界、学界から、戦後断続的に批判され続けてきた。

1. 日本官僚の特性

この問題を戦後早い時点から採り上げて、分析批判してきたのは評論家の小室直樹である。以下に小室の官庁、官僚批判の論点を掲げることによって、この問題を考えることにする。小室が指摘する日本官僚の特徴は次のとおりである。

①官僚は**既存の法律の上のみで動く**。官僚は生きたコンピューターである。しかし、新たな意志決定はできない。意志決定と責任は政治家が行い、細かな知識と実務は官僚が担当する。これは田中角栄が断定したことである。

②官僚の世界は**減点主義**だから、官僚はできるだけ責任は取りたくない。責任をとれば、減点となる。持ち点がたくさん残っている者ほど出世する。法律に則って、それを絶対に踏み外

させないように、行政を行うのが仕事である。「泥をかぶる」「火中の栗を拾う」ということは絶対にできないし、出世のためにはしてはならない。そんなことをするくらいなら、何もしない方が良いのである。この対比で言えば、政治家の世界は加点主義である。泥をかぶってマイナスの評価を受けても、それ以上の業績を上げて、得点を増やせば良い。

③官僚の世界では、**入省年次が序列基準**となっている。そのような官僚人事に政治家は口出ししてはいけない。これからいけば、安倍政権以降の、首相官邸による高級官僚人事は問題である。これについては、第７章第２節「首相官邸による官僚人事から考える」で検討予定。

④官僚は総じて薄給なので、**天下らなければ割に合わない**。ここからは、二つの問題が生じる。一つは本当に薄給なのか、という問題である。これはキャリア組とノンキャリア組とで分けて考えるべきである。ノンキャリア組では、民間平均に比べて同等かやや高めであるし、キャリア組に到っては、民間平均よりはるかに高く、局長、次官クラスとなると、民間会社社長並みとも言われる。そういうことから、現在は天下りは原則禁止になっており、利権確保の問題も踏まえて、制限の方向で調整されているようである。

もう一つの問題は、薄給であると言われるゆえに、「組織化された嫉妬（しっと）」が生じることである。このことを最初に指摘したのは経済学者の小泉信三であり、「社会主義とは体系化された嫉妬の情である」と述べた。この説を受けて、渡部昇一と加藤栄一がこの論を展開している。

これらの説によると、自らは薄給なので、国民の高所得者に対しては、「相続税はどんと高くしよう」「所得税の累進税率もうんと高くしよう」という気持ちになるらしいし、「役人たちは景気のよくなることを望んでいない」ということになる。

⑤**官僚は権限拡大のためなら一所懸命**となる。ここの権限とは法律を解釈し運用する権利である。この対比で言えば、政治家の権力欲は「ディシジョン・メーキング」（意志決定）である。この権限拡大に関しては、二面性があって、一つは官僚の権力欲を否定すれば、官僚制は成り立たないことである。つまり、官僚というのは、いわばガン細胞である。ガンを治すのが難しいのは、ガンを起す特殊な遺伝子が人間の細胞を繁殖させるためには、なくてはならない存在でもあるからである。もう一つの側面は、同時に権限の拡大があればこそ、官僚制はとめどもなく堕落することである。

これから言えば、「行政改革」というのは、拡大に拡大を重ねた権限を縮小し、いろんな規制のために民間の活力や自治体の活力がなくなっていたのを、解放しようということである。これは官僚にとって、一番大事なものを取り上げられることである。また、官僚の権限拡大で揉（も）めるのは新たに外部団体を作るような場合である。その団体をどの省庁の下に置くのか、自己の省庁からそこへ何人送り込めるのか、自己の省庁が不利な状況になると、主導官庁の動きを封ずるように動くとか、揉（も）めに揉める、と言う（以上、小室直樹『田中角栄の遺言』）。

その他の日本官僚の特性としては、⑥**前例踏襲主義**（慣例踏襲主義、儀式尊重主義）、⑦**「省益あって、国（国民）益なし」**とかが挙げられよう。

２．政治家の原稿書き

日本の官僚には、第1章第3節の中「質問も答弁も官僚が作成する」という要請に応えて原稿作成するという業務がある。その要請、要望に応えるためには、日本の誇る優秀集団、官僚の出番となる。その国会対応のために、官僚は涙ぐましい努力を強いられることになる。大臣答弁原稿作成のための作業は、山本満に従って記せば、時間順には次のとおりとなる。

①国会が近づくと、どの省でも「想定問答集」の作成に取りかかる。
②事務取りまとめに当たる各局の総務課が前の国会の資料を参考にして、各課に問いを流し、答を書いてもらう。
③だいたい集まったところで、局議にかける。
④いろいろな意見が出るので、追加補正し、タイプかガリ版で一冊にまとめる。
⑤大臣官房では各局の答を圧縮して、大臣用の別冊を作る。
⑥課長以上はそれに基づいて課長補佐以下からレクチャーを受ける。
⑦質問の矢面に立つのは主として局長なので、大学受験以上の猛勉強をする。

政治家が質問する前日の官庁業務は次のとおりである。
①質問取り（係）が夜遅くまでかかって、翌日の質問を聞き出してくる。
②その答を書くとなると、今まで用意したもので間に合うのであれば問題ないが、そうでない場合が多く、想定問答を新たに作り直すことになる。
③関係各省、各局と答が食い違ってはまずいので、大急ぎで「調整」しなければならない。
④調整が終わり、局長から次官までが文案に眼を通して、判子を押す。判子が並べば、この答えを高齢の大臣用に大きな字で、清書する。
⑤局長担当の答が明瞭になるのは深夜に近い（以上、山本満『不毛の言説』）。

当時外務省官僚だった外交評論家の宮家邦彦は述懐する。「外務省での役員生活は二十七年に及んだが、その歳月の中で最も「ムダだったな」と思う時間が国会対策だった」（『劣化する民主主義』）。当の官僚自身がムダな時間であったことを認めているのである。

3. 法律の事前調整

議員立法の場合、法制局の問題以外にも問題がある。その場合の最大の難関は法律間の調整の問題である。アメリカのように法律は作った者勝ちで、法律間の矛盾は裁判所が決すれば良い、とすれば、法律作成は簡単だが、日本ではそうではない。事前の法律間の調整という作業が必要になる。これには法制局は関わらない。官庁内の関連省庁の関連部書が相互に調整することになる。

議員立法にしろ、政府立法にしろ、新たな法律を作るには、既存の法律との矛盾や新たな省庁間の対立などが起きやすいので、そうしたことを事前に摘み取っておかねばならない。それを行うのは関連省庁の関連官僚ということになる。こうした作業を重ねることによって、新たな法律の施行によって生じるであろう、諸問題をほとんど解決してしまうことになる。こういう作業は本来国会論戦によって解明すべきことではあるが、それを先に見越して実質解決してしまうので、関係省庁内の事前折衝が事実上の法案を決定している、と言えるのである。つまり真の立法者は官僚なのである。

小室直樹はそのことを皮肉って、次のように言う。すなわち、「国会の審議とは、ほとんど猿回しのようなものなのですね。「真の国会」すなわち官僚による根回しの場こそ、テレビで中継してほしいものです」（『田中角栄の遺言』）。

４．予算制度の問題

日本の予算制度は、「前年実績プラス α 主義」とでも呼ばれるべき制度である。これは前年度の予算額を基準にして、前年度は予算をすべて使い切ったことを前提に、本年度の新たな事業や増額要求を加えていく、という方法である。この方法は予算の安定性や連続性が保てるという利点がある。

その反面、予算額が漸次増大し続けることになる。それに見合って歳入が増えていく場合は問題はないが、そうでない場合は借り入れを増やして対応せざるをえず、財政赤字を増大させ、歳出の硬直化を招く、という問題も引き起す。

特に、歳入増加の望みがないにもかかわらず、特別事業などで歳出増をさせなければならない場合は、国民に増税を強いるか、この予算制度の抜本的改革検討も迫られることになる。その場合、前年度予算をすべて使い切ったことを前提にしている、ことも見直されなくてはならない。現実に会期末になれば、まだ使い切っていない予算がある場合、官僚が空出張したり、臨時工事をしたり、とかが取り沙汰されている。

こうした不合理を解消するためには、単年度で予算化するのではなく、複数年度で予算化することも行われている（イギリス）。あるいは経費を対予算で管理するのではなく、発生実績とその理由付けで管理するという手もある。あるいは予算内でより少なく支出実績を抑えたことを功績と見なす制度にするとか、前年実績に基づくのでは、その年度における必要経費を一から試算積み上げていくゼロベース予算とかも考えられる。

こうした中、日本の財務省は従来からの「前年実績プラスα主義」を変えようという気配をまったく見せていない。これは日本の官僚の特性のうち、⑤「官僚は権限拡大のためなら一所懸命となる」や⑥前例踏襲主義が大きく作用しているものと見られる。

5．行政指導の問題

欧米の行政にはなくて、日本の行政にあるものとして、「行政指導」なるものがある。これは法律に基づくものではないが、行政官庁が独自に掲げた目標に沿って、そうなるように主として企業などに、あることを行うように、あるいは行わないように、指導することを言う。

何が官僚をしてそういう行為に走らせるのであろうか。一つ考えられるのは、⑤「官僚は権限拡大のためなら一所懸命となる」という原理である。

もう一つは、自ら立法権を行使しようとする意欲説である。立法権については、３で考察したとおり、政府立法にしろ、議員立法にしろ、実質に立法を主導しているのは官僚であった。この延長線上に行政指導は位置づけられるかもしれない。これについては、文字とはなっていないが、こうすべきだという理念を打ち立てて、それがあたかも法律であるかのごとく見なして、それを実行しているだけだ、という解釈が成り立つ。

この場合、何を基準に法律に代わるべき理念を打ち立てるのかについては、官僚の独自説もありえようが、「世の中の空気」説も成り立ちえよう。「世の中の空気」として、こういう流れが強いので、社会正義の観点から、その立場で行政を引っ張ろう、というわけである。「世の中の空気」説を唱えた者としては、山本七平がいる（『「空気」の研究』）。どちらの場合であっても、立法であると同時に行政そのものでもあるわけである。

行政指導の一つに考えられるものとして、各省の通達がある。これには法律に基づくものもあるが、基づかないものがある。当時の社会的問題として浮上しているもの対して、それに対しての法律はないが、各省庁が社会を指導するものとして、お触れを出すわけである。これがうまく機能する場合は問題はないが、うまくいかず社会を混乱させる、こともないとは言えない。そうした最たるものは大蔵省の一局長が出した通達によって、バブル崩壊を引き起した事件である。このことについては、第7章第1節「バブル崩壊から考える」で詳述する。

6. 官僚の法律解釈権

上記の日本官僚の特性のうち、①「官僚は既存の法律の上のみで動く」、⑤「官僚は権限拡大のためなら一所懸命となる」の二大原理から、官僚が独自に法律解釈をするという側面が見えてくる。こういうことは主として、行政法についてのことであるが、本来ならば裁判所の仕事であるはずだが、行政機関の役人である官僚が行っている。このことについても、小室直樹の同上書に基づいて記すことにする。

占領時、アメリカ軍司法将校がある日本人官僚に言った。「君の解釈は判例とは違うのではないか」。するとその官僚は言った。「確かに私の法律解釈は判例とは違う。しかし、それは判例の方が間違っているんだ」。

行政法の範疇にある法律は山ほどある。それらは六法全書などには載っていない。それらのことを詳しく知っているのは官僚だけである。それに官庁同士の裁判なんてものはほとんどないから、当然判例もほとんどない。それであるから、官僚が好き勝手に操れる。自分の解釈が正しい、と強弁できる。

ある行政案件で行政の最前線たる市町村の場で、どう対応すべきか、迷ったとする。そうした場合、それについて指示した行政法は当然ない。こうした場合、欧米であれば、裁判所に訴え出るが、日本ではそうしない。市町村を管轄する上の役所たる都道府県庁の担当職に相談する。

その担当職が県下の同様の他のケースがあるのを知っていると、そのようにしろと言う。そうしたケースがない場合、県庁などの担当職は中央官庁の担当職に聞くことになる。この場合、日本全国の同様のケースがあることを知っていれば、そうしろと言うであろうし、そのいうケースがなくとも、独自の判断でこうしろと指示する。つまり、「このように解釈せよ」とエリート官僚がお告げを出す。「これにて一件落着」と相成る。

裁判所において下した判断は判例であるが、行政現場において下した行政判断は行政実例と言う。こうした下から上がってきた行政実例を蓄積、集中管理、保管しているのは、中央省庁である。下から各種の相談が上がってくると、中央官庁はその行政実例から引き出して回答するし、場合によってはその実例を地方自治体にも見せるそうである。

こうして見ると、①市町村、②都道府県、③中央の三段階で、法律の解釈が行われ、対応の指示が成されるのである。これをもって、小室直樹は「市町村が第一審で、それから都道府県が第二審で、中央官庁が最高裁」と判断し、ここに裁判所とは別に司法解釈の制度ができている、と断定する。

上記は一般行政について三審制ができている、という話であるが、刑事事件の処理においても、三審制ができているというのが、小室直樹説、加藤栄一説である。これはどういうことか。刑事事件に相当する怪しい行為をしたであろう者を捕まえるのは警察の刑事である。そこから起訴すべき対象者であるか判断して、ある者を起訴すべく、検事に手続きするのは警察である。そこから、ある者を起訴し、他の者を起訴しないと判断するのは検事である。ここに小室直樹と加藤栄一は、実質的に「検事が最高裁で、警察が二審判決で、刑事が一審判決を下している」と判断を下している（以上、小室直樹『日本人のための憲法原論』）。

7．官僚が実質すべてを牛耳っている

ここまでの考察で、官僚は実質的な立法権を握っている（質問・答弁原稿の作成、法案作成前の事前調整、法案条文の作成）のを見たし、官僚が実質的に行政を牛耳っている（首相や閣僚が行政に専念できない、大臣がジェネラリストで任期短い、行政指導の問題、予算制度の問題）のを見たし、さらには官僚が実質的に司法権をも握っている（官僚の法律解釈）のも見た。つまり「司法、行政、立法の三権はすべて彼等（官僚）の手の内にある……まさに官僚は戦後日本の独裁者になった」。こうも言えよう。「日本においては法は役人が作り、役人がその法を運用し、しかも法の解釈までも行っている。これはヒトラー以上の独裁」である（小室直樹『日本人のための憲法原論』）。形式上、立法権は国会、行政権は内閣、司法権は裁判所にあるのであるが。

こういう状態はどういう状態と言うべきか。小室直樹は叫ぶ。「今の日本はデモクラシーを止めて、「役人クラシー」の国に成り果てた。「国会は国権の最高機関」（憲法第41条）とは名のみであって、実は官僚の傀儡（かいらい）である」。

さらにこうも言う。「角栄後、デモクラシーは死んだ。憲法は改正された、と解釈されるべきである。確かに憲法改正手続きは取られていない。名目上、「日本国憲法」は現存している。が、それがどうしたというのだ。角栄後、日本国の三権は官僚が独占してしまっているで

はないか」。

あるいはこうも言う。「政治家は人形、人形遣いは役人。これすでに天下周知の事実である。デモクラシーは角栄後、すでに没し、在るものは「役人クラシー」のみ。三権すでに役人の掌中にあり、しかも天下これを知る。日本国憲法はすでに改正された」（以上、小室直樹『田中角栄の遺言』）。

ただ、最近は首相官邸による高級官僚の人事が行われていて、官僚の力は低下している。官僚の力が低下することは、日本にとって良いことでもあり、悪いことでもある。そのことについては、第7章第2節「首相官邸による官僚人事から考える」で検討する。

第３章　外交・交渉の問題

第1節　欧米型と日本型の違い

国家行政の一環に外国との折衝を行う外務行政がある。外務省が主として行っているが、国際会議において各省の対応する各国各省との折衝・交渉ということもある。企業においても外国企業との交渉ということがある。一民間人が国際会議に参加することもある。本章においては、こうした折衝・交渉面における欧米型と日本型の考察を行う。ただ、交渉の側面では専門的な問題もあるので、そこには深入りせず、国際会議での欧米人と日本人の対応の差を中心に見ることにする。

交渉の欧米型と日本型

国際的な交渉のやり方については、欧米型と日本型とは大いに異なっている。交渉の違いについては、岩下貢『国際ビジネスに勝つ』を中心に、その差異をまとめることにする。

①交渉に先立つ前に、欧米においては、どういう方針で臨むか、交渉チーム内で時間をかけ

て検討し、交渉に臨む戦略を決定する。それも代替案も含めた重層的なものである。それに対して、日本ではそこまでもしないのが一般的なところである。誠実に対応すれば分かってもらえると思って、安易に構えている。

②交渉における議論の方法について、欧米においては、問題に対する対応策、結論を冒頭に説明し、その後なぜそのような結論に到ったか、と説明し、その中で現状をどう分析するかを説明する。対する日本においては、現状の分析、事実関係の説明を中心とし、ともすると問題提起だけになってしまう場合もある。

③交渉で議論する領域に関しては、欧米においては、できるだけ議論領域を絞り、具体的な問題を含めて話し合おうとする。それに対して、日本においては、包括的な議論をし、細部は議論後の案の実行段階で調整しようとする。

④交渉における議論の価値については、欧米においては、議論こそが問題解決の最上策であり、よりよき議論をしてこそベストの案が生まれる、と考える。そしてディベート式の議論を展開する。対して日本では、議論によりすべての問題が解決されるとは考えないし、ディベート式議論は苦手である。

⑤交渉における態度としては、欧米ではできるだけ冷静になろうとする。冷静さを失うことは交渉に負けると考える。対する日本においては、そういうところがなく、議論がヒートして

くると、感情的になる。

⑥交渉の結果に関して、欧米においては、大幅な譲歩をしてまで交渉をまとめあげようとは思わない。それに対して、日本においては、いったん乗り出した交渉はなんとかまとめあげようとする。そのためにときには、大幅な譲歩をすることもある。

会議の欧米型と日本型

会議のやり方についても、欧米型と日本型とは大いに異なっている。会議のあり方の違いについては、松本道弘『ロジックの時代』に従って、その差異を整理する。

①事前の調整ということでは、欧米では、事前に根回しする発想がないので、時間はかからない。対して日本では、根回しに時間がかかる。

②会議当日の議論に関しては、欧米においては、会議ではすぐに実質討議に入り、丁々発止と渡り合う。会議は充実している。それに対して日本では、そういうことはなく、会議は形式的である。

③会議の生産性ということでは、欧米では意思決定が迅速にされるため、エフィシェント（時間節約的）である。それに対して、日本では意志（タテマエ）は一つであっても、意志（ホンネ）が違う場合が多く、参加者内に派閥を生むことが多い（情的意志決定の限界）。

④結論の実行については、欧米では意志は決定されても、エゴ（意思の延長）を捨てること

ができず、必ずしも実行段階で協力的とは言えず、意外に行動に移すまで時間がかかる（知的意志決定の限界）。日本においては、いったん満場一致で決議されると、意志が固まるので、実行は早い。その意味でエフェクティヴ（効果的）だ。

国際会議の様式

今日の国際会議において採られている、シナリオ、時間的構成としては、次のようになっていることが多い。そこで第2節、第3節においては、各要素項目ごとに欧米型、日本型の特徴を記していくことにする。

①主賓のスピーチ
②主賓スピーチへの質問
③各委員会、各セッションでの議論、交渉
④懇親会

第２節　欧米型の原型

(1) 気の利いたスピーチと的確な質問

ここからは欧米と日本での、国際間の話し合いの実態を述べることになる。それには、今までの著書『弁論術の復興』『「敵対型文明」と「温和型文明」』『文明と野蛮が交錯するとき』での叙述と重複があるかもしれないが、重要なことなので、基本的なことを述べていく。

個性の滲み出たスピーチ

国際会議など大きな会議では、まずはじめに主催者や主賓などによるスピーチがある。欧米人のスピーチは、一般に抑揚、強弱があって、単調ではなく、ジェスチャーもあり、ときどきユーモアを飛ばして聴衆を笑わせ、印象づけるようにし、顔は聴衆を見つめ、原稿にはほとんど視線を落とさない。

欧米人はスピーチする当地の国柄などを勉強し、スピーチの中でそれに言及するようにしている。リップサービスと言えよう。当地の聴衆をいかに引きつけ説得するか、いかに好印象を与えるか、にたいへん気を使っている証拠でもある。

例えば、イギリスのエリザベス女王は来日の際、日英貿易の数字などポンポン出し……、日本問題に並々ならぬ理解力を示した。アメリカのジェラルド・R・フォード大統領は日本でのスピーチの中で、佐久間象山に言及したし、アメリカのヘンリー・キッシンジャー長官は貝原益軒や井原西鶴に言及した（松山幸雄『日本診断』）。アメリカのロバート・ケネディー夫人は日本訪問時の機内で片仮名を練習し、東京の小学校見学の際黒板に書いてみせた。ローマ教皇のヨハネ・パウロⅡは日本訪問の際、東京、長崎で日本語で話をした（松山幸雄『しっかりせよ自由主義』）。

欧米人はスピーチの準備をどのようにしているのであろうか。「（シャルル・）ドゴール仏大統領は原稿を起草し、それをメモに要約し、やがてはそのメモを捨ててしまうぐらいに準備した、と言う。（マーガレット・）サッチャー英首相も、スピーチライターの書いたものを自分で書き直し、メモを作り直す。そしてメモを見なくても大丈夫なくらい練習する」（松山幸雄『イメージ・アップ』）。一般的にはこう言えようか。すなわち、何を話すかあらかじめ原稿を書くが、実際のスピーチでは原稿を見ずに行う、あるいはそのポーズをとる。そのために暗記するまでに稽古（けいこ）する。

質問らしい質問

スピーチの後、スピーチを行った者に対して、聴衆から質問する時間が設けられるのが、一般的である。質問する側も、質問を受け回答する側も、その応答では欧米人はそつなくこなす。慣れているというか、日頃訓練しているからである。

欧米人の質問は、スピーチした者のスピーチ内容を受けて、疑問に思ったことについて問い質すことが多い。ある点に関して、そのように考えるのはなぜか、その原因を何と考えるのか、その対策をどう考えるのか、あるいは質問者の提出する考えに賛成か反対か、といったものである。回答者はそのテーマの固有の問題に固有の回答を出さざるをえない。一般的な自由な回答で逃れるわけにはいかない。イエスかノーかどちらかで答えざるをえない。つまり、それは「クローズド・エンド」(closed-end) の質問である。

欧米人はスピーチと質問は別物であると考える。スピーチでは長々と話するが、質問ではテキパキと短く鋭い質問をする。質問する事項は簡単なことばかりだ。つまり、それはなぜか?、その原因は?、イエスなのかノーなのか。

その簡単な質問がスピーチでのデータの不備をついたり、ワラントの不合理をついたり、相手の主張の矛盾をついたりして、大きな一撃になるのである。イエスであればAの難問があり、ノーであればBの難問が待ち構えている。プロのインタビューアーによるインタビューにはそういった巧妙な質問が多い（松本道弘『知的対決の方法』）。

スピーチと質問についてのもう一つの考えは、スピーチと質問はセットになっている、ということである。スピーチとはある人の思いなり考えを説いたものであり、当然そこにスピーチを聞いた者との間には、スピーチする者に不明瞭な点や間違いもあろうし、スピーチを聞いた者にも意味の取り違いや勘違いが生ずるであろうから、スピーチを聞いた者から質問を発することによって、スピーチした者もそれを聞いた者も、それぞれレヴェルアップする、という考えである。こういうことから、欧米の選挙では、候補者のスピーチに対して、必ず有権者からの質問があるのである。

(2)「議論に参加する」

「議論に参加する」

主催者や主賓のスピーチが終わったあとは、各セッションまたは各分科会に分かれて、その各々のところで、実質討議となる。欧米での会議という会議では、会議の参加者全員が、積極的に他のメンバーに対して、自己の所信を表明し、また自説に対して質問があれば自説を分かりやすく説明している。つまり、会議に参加する欧米人は会議の「議論に参加する」のである。

欧米の会議でその準備を周到に行うのは政治家、学者、ジャーナリストばかりではない。「国際会議に出席する前に、学者やジャーナリストはもちろん、上院議員や大会社の社長も事前配布資料を読んできて、自分の商売に関係のないことについての、知的な討論に積極的に参加する」（松山幸雄『しっかりせよ自由主義』）。

その会議での議論のやり取りには、自分が納得のいくまで時間をかけて行おうとする。「アメリカ人やヨーロッパ人の中には、それほど重要とは思えない案件について、十分過ぎるほど論議を尽くすことがある。……自分の持っている意見は残らず発表しないと議場を去らない、という傾向がある欧米人が多い」（一本松幹雄『新・開国のすすめ』）。

はっきりとした意見表明

欧米人ははっきりと自己の意見を表明する。そして相手の意見を聞いている最中に、順番に言っている場合は別として、自分の意見と異なると思ったり、相手の意見が間違いであると気づいた瞬間に、即座に違うと強く言う。「欧米人などほとんどの外国人は自分から先に言い分を言う。こちらが言い分を話し始めても、少しでも疑問点があれば、「それは違う」などとはっきりノーを言う」（竹村健一『日本の常識・世界の非常識』）。

欧米人はスピーチ（1人での発言）、ダイアローグ（2人間の発言）、ディスカッション（複数者間での発言、ざっくばらん）、ディベート（複数者間、ルールのもと）、さらには日常会話においても、自己の考えをはっきりと表明し、その考えがベストであるとして、他者を自己の考えに同調させようとする。

「英国流のやり方は、賛成であれ、反対であれ、とにかくいつも自分の意見というものをはっきり発表して、それをどこまでも主張していくやり方である。そして自分に反対する者に対しては、論理的、理性的にあらゆる手段を使って説き伏せる」（田尾憲男『英国と日本』）。アメリカ流も同じである（佐藤淑子『イギリスのいい子、日本のいい子』）。

「ノー」を連発する

欧米人は何の気兼ねもなく、相手の意見に対して、ノーと言う。日本人は相手が気を悪くしないだろうかと気遣って、できるだけノーと言わないようにしている。欧米人はそんな気遣いをしない。気遣ってノーと言わないことによって、意見の相違が分からず、良くない結果になる方が、双方ともに良くないことなのだ、と割り切っている。意見が違えば、まずノーと言って、それから「バットと言って、だんだん妥協の道を探り始める」（竹村健一『日本の常識・世界の非常識』）のである。

ソ連外相のアンドレイ・グロムイコは「ニエット」（ノー）を連発したことで有名である。

マーガレット・サッチャーも1980年のEC首脳会談の際、分担金問題で他の八カ国代表と激しく対立して「ノー」を連発、妥協案をことごとく撥ね除けた。そのサッチャーに対し、「貴女は「ノー」という以外の言葉は知らないのですか?」と、フランス大統領のヴァレリー・ジスカール・デスタンは言った、とのことである（松山幸雄『イメージ・アップ』）。

早口で攻撃的、脅迫的

アメリカ人の言辞は攻撃的である。少なくとも日本人にとっては、アメリカ人のものの言い方は「高圧的ないし一方的に聞こえる」。例えば、アメリカ人は「豊富な語彙を駆使して早口でまくしたてる」。また、「アメリカ人は説得に当たってディベートの技巧を駆使してくる」。さらには、主に交渉のときに使うのだが、脅迫まがいの言葉も発する。ブラッフィング（威嚇）である。「アメリカ人は強硬であるばかりか、脅迫的な言辞さえ吐くことがある。興奮して我を忘れて言うのではなく、どうやら意図的にそうするのだ」（金山宣夫『比較文化のおもしろさ』）。この傾向は欧米人一般についてもほぼ妥当する。

ユーモアに富む

欧米人は一般に、一方で理論的、攻撃的、脅迫的だが、他方でユーモア感覚豊富で、その場を和らげようとする。一面理詰め、理屈、ロジック、ロゴスばかりで話しを展開するが、ときとしてユーモア、ジョークを発し、雰囲気を和らげることに意を使う。ユーモア、ジョークは主に感性、パトスに訴えるものである。それを使うということは、ロゴスとパトスの調和を図るということになる。欧米人も理詰め、理屈、ロジック、ロゴスの連続、あるいはそれらの一本槍では疲れるらしい。ユーモアとかジョークはそのカンフル剤、調和剤なのである。

欧米人のスピーチでは自然とユーモアが出る面もあるが、反面では意識してユーモアを入れるようにもしている。それも一つのスピーチで少なくと2回以上のユーモアを入れるのが良いとされている。「笑いを取ることが必要条件になっている。その笑いも1回ではいけない。2回以上は必要だ。まず、1回目は観客をリラックスさせる。いわゆる「つかみ」の笑いである。……2回目からは争点に関するユーモアで笑わせなければならない」（横江公美『判断力はどうすれば身につくのか』）。

国を超えて親しむ懇親会

国際会議の全体が終わったとき、あるいは各セッションまたは各分科会が終わったとき、あるいはそれらが長く続く場合その中間で、参加者の親睦のための懇親会（パーティー）が開かれる。そのとき欧米人は積極的に国別に関係なく、各参加者に近寄り、個人的に親しくなるように努める。パーティーの意味を知っているのである。

さらに、日本人としては驚くことに、各セッションまたは各分科会で激しくやり合った者どおしが、パーティーでは年来の友人であるかのごとく親しく話し合っている。ここには議論と人格は別というディベートの精神が生きているのである。

第３節　日本型の問題点

(1) 退屈なスピーチと焦点のぼけた質問

原稿棒読みのスピーチ

日本人のスピーチでは、一般的に顔を聴衆に向かず、もっぱら原稿に視線を落とし、読み進めるだけ、といったことが目立つ。しかも強弱がほとんどなく、単調であって、ジェスチャーもほとんどなく、ユーモアで聴衆を笑わせることもなく、印象に残る言葉を発することもなく、つまらないといった印象が目立つ。

ある日本の政府高官はある外国の会議で、「15分間一度も顔を上げず、早口で（日本語）スピーチ草稿を朗読、通訳もついてゆけず、聴衆一同唖然とした」そうである（松山幸雄『日本診断』）。つまりは自分本位の演出で、かつ原稿棒読みとなり、結果として聴衆を引きつけないどころか、逆にマイナスのイメージを与えてしまうことになる。

それに日本人のスピーチは「非常に公式的で、格式張った、つまらない話になりがち」である。有名な話では、ポーランド連帯のレフ・ヴァウェンサ（ワレサ）議長が来日した際、どこに行っても、長々とつまらない形式的な歓迎の辞を述べるので、ワレサ議長は「もう同じレコードを回すのは止めましょう。お喋りのピンポン試合でいきましょう」と言った、とのこと（松山幸雄『イメージ・アップ』）。

国際会議でそのような通り一遍のスピーチしかできない人は、おうおうにしてその当地のために、何の下調べや準備をせず、いきなりスピーチと相成る。結果として、現地の聴衆の気を引くとか、賛同を得ることはまずない、ということになる。「（日本企業の）トップは渡米するとき、最低限、交渉相手の背景について、基本的予備知識を仕入れてきてもらいたい」、と日本企業のアメリカ駐在支店長が嘆いている、と言う（松山幸雄『しっかりせよ自由主義』）。

そのような日本人のスピーチを欧米人はどのように思っているのであろうか。曰く、しゃべる速度が遅く、テンポが狂う。しゃべり方が一本調子で、何を主張したいのか分からない。抽象論が多く、具体例的内容がない。通り一遍の台詞ばかりで、新鮮な中身はなく、聞いていて退屈する。などなどである。

このように日本人のスピーチが国際的には低評価である理由としては、日本人はスピーチ教育を受けていないからである。欧米での議論言語のうち、スピーチは相当な位置にあり、それをマスターするにはこうしなければならないとか、前節（1）「気の利いたスピーチと的確な質問」で見たごとく、欧米のスピーチ・マスターは裏では血の滲む（にじむ）ような努力をしていることを知らない。

質問にならない質問

日本人の質問は概して言えば、相手の考え方全般を引き出そうとするものである。そのスピーチで触れていない点について、スピーチした者がどう考えているのか、聞こうとする。どのような内容の答えであれ、何らかの回答があれば、それで満足する。このような質問と応答では、答えはいくらでもありうる。つまり「オープン・エンド」（open-end、自由回答方式）の質問であるのだ。

同時通訳者でディベート研究家の言葉を聞こう。日本人の質問はおうおうにして「「ちょっと質問があるのですが」で始まって、いつのまにか、まるでスピーチになり、やがては自らのスピーチに酔い、ロジックの糸が切れ、繰り返しが多くなる。そして最後に思い出したように、「そこのところをどうお考えになるか」と……締め括る」（松本道弘『ロジックの時代』）。

このような、質問ともスピーチとも言えないような発言は、どのように見なされるのであろうか。「ロジックで言えば、質問と演説とは別なのだが、日本人にとってはその差は定かではない。外国人の記者は短く、テキパキとした、質問らしい質問をするが、日本の新聞記者が質問すると、イライラすることがある」（松本道弘『知的対決の方法』）。

このように日本人が質問にならない質問をするのは、日本人が欧米流のスピーチと質問がセットであることを知らないためであり、議論教育を受けていないためである。こういうことから、第5章の選挙の問題にも繋がるのであるが、候補者のスピーチについても同じことが言えるのであり、総じて質問しないことに繋がるのである。

(2)「議論に参加しない」

「議論に参加しない」

各種委員会とか、各種分科会とか、各種テーマ別セッションでの、実質的ディベートの場での日本人の特徴としては、かつては国際的にもあまりに有名になり過ぎた3Sがある。すなわち、「国際会議に出る日本人は3Sだと笑われる。SMILE, SLEEP, SILENT」である（神野正雄『国際会議屋のつぶやき』）。

ここで、スマイル、スリープは行動状態であり、言語状態に関してはサイレントが重要である。なぜ日本人はサイレントなのか。単に英語ができないから、というばかりではない。あるイギリス人神父は次のように皮肉っている。すなわち、「イギリス人は子供のときから雄弁と朗読の訓練を受ける。……それにひきかえ日本人は、我々が結果から判断する限りでは、沈黙の訓練を受けているように見える」（ピーター・ミルワード『イギリス人と日本人』）。

日本人としては心情的に分からぬでもない。国際会議が英語で行われるのであれば、英語のできない者は黙らざるをえないし、かと言って会議を軽視しているわけではないので、その表明としてせめて笑顔でも見せたい、しかしそれも生理的に限界があり、深夜にまで及ぶ会議外での根回しに疲れ果て、分からない言葉の海中ではいきおい眠くなってしまう。まあこういうところだろうか。

会議参加者がサイレントでいる場合、欧米の参加者からはどのように見なされるのであろうか。会議では、集まった者がディスカッション、ディベートして、何らかの結論を出そうとしているのに、日本人はディスカッションに「参加しない」として、欧米人は批判する（神野正雄『国際会議屋のつぶやき』）。発言しないのなら、何のために会議に来たのだ、ということになる。

ある国際組織で働く日本人に対して、同僚のヨーロッパ出身者は次のように言った、という。すなわち、「日本からの参加者は完全に沈黙を守り、ディベートに聞き入るだけである。吸収すべきものだけを吸収して、自分の方からは何も出さない。（その態度は卑怯でもあるし、我々は彼等から何等得るところがない。）日本に参加を呼びかけるのは無益である」（一本松幹雄『新・開国のすすめ』）。

また、自分の意見を持たないのは、欧米では最も嫌われ、最も軽蔑される。そうした人間は一人前の人間ではなく、下等な人間と見なされる。「外国の会議に出席して黙っていると、バカか、意見がないのか、居眠りしているか、欠席したか、のいずれかにとられてしまう危険がある」（松山幸雄『しっかりせよ自由主義』）。

この頃の国際会議では、同時通訳の設備や手法が発達したこともあって、日本人も日本語で正々堂々喋れるようにはなっているので、必ずしも以上に記したことが正しいとは言えないかもしれないが、基本的には以上のことが妥当する、と思われる。

それでは、日本人はどうしたらよいのだろう。上記の国際会議屋が言うには、「国際会議で日本人が一番難渋するのは当意即妙のやりとりである。……ああ言えばこう言う式のやりとりのゲームに参加するということが、会議に出て何かの獲物を釣り上げて帰る秘訣なのである」（神野正雄『国際会議屋のつぶやき』）。

それは一般論であって、具体策としてはどうすればよいだろうか。欧米式の議論法を学び、欧米人と議論をする経験を重ねる以外にはないだろう。「はじめに」の中「ディベート方式の議論法」で見たごとく、そうした議論法を経験でマスターしていくしかあるまい。

賛成か反対か分からない意見表明

日本人は自己の意見を述べる場合、事実または状況から説明する。だから、どうなのか、どうすべきなのか、どう考えるのかは、その事実なり状況の説明が済んだ後でしか分からない。しかも、たいそうな事実なり状況の説明の割には、結論としての部分が少ないし、弱いし、はっきり分からない。要するに、事実や状況なりの説明する知識はあるのだが、自分はどう考えるかという意見がないのである。

自分の意見があったとしても、それは一般論である場合が多いし、有名な評論家が言っていたことであったり、独自の意見であることは少ない。しかも、それを積極的にあるいは強引にそれを述べることをしない。あくまで控えめ、「ついでに」といった感じである。これでは、意見ははっきり伝わらない。賛成か反対かは分からない。

また、日本人の発言には、「イエス・バット症候群」(yes-but syndrome)と呼ぶような表現がよく現れる（松本道弘『ハラ芸の論理』）。相手の欧米人の発言に対して、「まったくそのとおり」、「しかし、……」と続くのである。また、「総論は賛成だが、各論（具体的な手段）に関しては、……」というように、「総論賛成、各論反対」の議論形式も多い。

このような発言は欧米の出席者からはどう見なされるのであろうか。欧米人は不可解な、あるいは怪訝（けげん）な、表情を隠さない。賛成か反対か、どっちなんだろう、こういう思考法をする人間はほんとうにまともな判断ができるのだろうか、と思ってしまうようだ。「状況重視型日本人は日本語という成り行き任せ型の言葉を用い、だらだらと状況を述べ、最後にポツリと結論らしきものを述べるので、欧米人は何を言いたいのだろう、とイライラする」（松本道弘『ロジックの時代』）。

「ノー」と言えない

日本人は外国人との英語のやりとりでは、「オー、イエス」を連発し過ぎるようである。ある国際ジャーナリストは次のように述べている。すなわち、「日本の政治家は「イエス」という言葉以外知らないのですか?、と聞きたくなるようなことがよくあった」（松山幸雄『イメージ・アップ』）。

日本人はなぜ「ノー」と言わないのか。「第一は心情的理由である。「ノー」という答えにより相手の感情を傷つけることを恐れる日本的心情……。これは争いを好まない性格を現しているし、心情的にはあなたと同じ立場ですよ、と相手に知らせたい心理の現れであろう。第二は論理的理由である。そもそも日本人の論理的思考は、断定を避け、灰色に物事を収めたい、という深層心理に根ざしたものである」（松本道弘『ロジックの時代』）。これはAか非Aかという二値ロジックの考えに慣れていない、換言すればロジックで物事を考えないからだ、と言えるだろう。

このような「ノー」を決して言わない態度は、出席者からはどのように見られるのであろうか。お人好しの組みやすい相手である、ロジックのできない者である、つまりは大人ではない、と見られることは間違いないであろう。

説明は雑然的、非説得的

日本人の議論での話し方は、欧米人の対比で言えば、次のようになる。全体としては、欧米流の議論の体をなしていない。「はじめに」での「ディベート方式の議論法」との対比で確認してみよう。

①まず最初に、日本人は自分の置かれた状況から話し出す。長々と状況説明し、その後結論らしきものを述べる。そして場合によっては、論題について、賛成なのか、反対なのか、聞く者からすると、分からないことも多い。

②その論題についてなぜ賛成（反対）するのか、その理由を述べていくとき、重要性の高い順に述べることを知らないのか、それに拘らず、思い出す順に話すことが多い。

③各々の理由の説明では、論題を支えるのはデータとワラントであるとの認識がなく、またこれがデータの説明、これがワラントの説明という区別もなく、ただだらだらと状況説明す

る。したがって、データとワラントの説明によって、論題が成り立つとの話の構成になっていない。

④相手の主張を崩そうとする場合も、相手のデータの不備を突くとか、ワラントの不完全を突くとか、の認識がなく、この辺が受け入れられないとして、状況説明に終始することが多い。

外交交渉でディベートできず

以上は多くの国が参加する国際会議での委員会、分科会でのことであったが、国際間の外交では、二国間での交渉ということが頻繁に行われる。こうした場合、国家の代表は首相とか外相が務めることが多い。その首相とか外相または担当相とかは、議院内閣制の日本では、国会議員から任命されることが多い。その国会では、第1章で見たとおり、ディベートなし、官僚が作成した原稿を読み合うだけであるから、イギリス議会におけるような、丁々発止のディベートを経験していないし、そのような訓練も受けていない。そうであるので、二国間交渉で外相どおしがディベートする場合は、日本は圧倒的に不利な状況になる。

日本人どおし凝り固まる懇親会

懇親会（パーティー）では、日本人は英語が苦手なためか、積極的に欧米人に語りかけることはなく、話の分かる日本人どおし、隅っこの場所で固まっていることが多い。パーティーとはお互い知らない者どおしが飲み食いを魚に喋り会って、親しくなろうという機会なのに、日本人はそういうことを知らず、それを放棄してしまっている。いかにも惜しいことである。

日本型交渉の残念なる結果

第３節の最後に、外務省が中心となって、このような日本型国際折衝・交渉で戦後世界各国と渡り合ってきたわけだが、その結果はどうであったのか。総じて芳しくない結果と言ってよいであろう。それらの事例を挙げれば、次のとおりである。

○ソ連、その後のロシアとの交渉で、日本の北方領土返還はなされていない。

○日米間の貿易不均衡是正のための、繊維製品から半導体まで、の日米交渉では、一方的にアメリカに有利な条約を結ばざるをえず、それがその後の日本経済低迷の一因となった。

○日本閣僚の靖国参拝を巡り、中国、韓国からの内政干渉があり、それに対して反論もせず、それら二カ国との交渉が何等実を結ばなかった。

○まったくのデッチ上げである南京虐殺記念碑を、世界遺産に登録する中国の動きを察知できず、世界遺産登録を許してしまった。

○韓国の突き上げによって、佐渡金山の世界遺産登録が暗礁に乗り上げている。

これらの事例では、すでてがすべて、交渉スタイルや議論の仕方にかかっているとは言えないものの、大きな要素になっていることは間違いがない。その他の要素では、敵対型文明の外交と温和的文明の外交の違いという要素も大きい。これについては『文明と野蛮が交錯するとき』第3章参照。

第４章　メディア・報道の問題

第１節　欧米型と日本型の違い

①メディアについて。欧米では、何党を支持するか、どの立場に立つかを鮮明にしている。例えばリベラル系としては、新聞ではニューヨーク・タイムズ、ワシントン・ポスト、テレビ局ではＣＮＮ、ＮＢＣがある、保守系としては、テレビ局としてＦＯＸニュース、ブライトバートなどがある。日本においては、ほとんどのメディアが何系なのか、何党を支持するか、どの立場に立つかを鮮明にしていない。表向き不偏不党の立場に立場に立つとしている。しかも多くのメディアがほぼ同じスタンスであり、その違いが分からない。

②社説について。欧米では、ディベートという言語戦争のルールに従えば、あらゆる陳述は常に事実と照らし合わせ、検証されねばならない。その論拠は意見の衝突により、客観度の高い真実（probable truth）が生まれる、という普遍的認識がある。日本の社説では、欲張りすぎていて、矛盾が多く、何を言いたいのかよく分からない。一言でまとめるとすれば、ロジックがない、ということである。

③事実と意見について。欧米では、意見を事実から切り離す、というのが欧米ジャーナリストの本道である。ニュース・キャスターのウォルター・クロンカイトはまったく自分の意見を述べない。事実の解説はするが、解釈はしない。ただ事実を淡々と述べるだけ。日本では、意見と事実が混同されている場合が多い。日本のニュース報道では、クロンカイトのような態度はまるでない。

第2節　欧米型の原型

(1) 正道ジャーナリズム

ジャーナリストの役目・資格

欧米のジャーナリズムと日本のジャーナリズムの違いについては、基本的に新聞についての違いを概観し、それについてはマーティン・ファクラーの『「本当のこと」を伝えない日本の新聞』の内容を中心にまとめることとする。

欧米のジャーナリストの役割は、中央政府とは独立して、中央政府を常に監視し、あるいは社会全体の動きに目を光らせ、何かおかしなことがあれば、それをとことん調査、追求していき、その結果を国民一般に知らせることにある。自らを「権力の番犬」（watch dog）と自覚している。そしてジャーナリストは「正義感」（a sense of moral outrage）を持って、対処しなければならない。そうしたジャーナリズムの報道活動によって、社会問題が国民の意識の一大争点となり、時の権力が倒れるということも起りうる。

そのためには、ジャーナリストは権力に近づき過ぎてはいけない。行政当局や大企業とは一定の距離を取らなければならない。その原理を破り、行政当局や大企業に近づき過ぎると、「有形無形のバイアスがかかってしまう」。欧米でもこういうこともかつてあったが、今ではこういうジャーナリズムは、「アクセス・ジャーナリズム」（access journalism）として、排斥されている。

そのためには、ジャーナリストたる者はスペシャリストであるべきであって、現にアメリカにあっては、医者、弁護士、公認会計士らとともに、専門技術者として社会的に認められている。そのジャーナリストになるための資格は学歴ではなく、能力である。したがって、サラリーマンであることは有害無益なことであり、ジャーナリスト組織でキャリアを積み重ね、ジャーナリスト組織を渡り歩くことが理想であり、一般的である。自己を売り誇りとするものは、独自に調査報道した記事の数と質の高さである。そして、報酬の高さよりも、自由な中、社会の悪を見つけ出し、それを報道するぞ、という使命感、熱意が求められる。

事実として欧米では、新聞社などでの雇用形態としては、新卒採用は少なく、ほとんどは5～10年程度のキャリアのある者の中途採用であり、平行してフリーランスの者との契約採用もある。紙面掲載も、社員とフリーランスとは記事採用は対等であり、そこに両者間の競争があって、両者の技の向上にもなり、引いては読者にとってもプラスとなっている。

そのような大役を果たしたジャーナリストに贈られるのが「ピュリッツァー賞」である。これにはいくつもの部門があって、その中で最も権威があるのは「調査報道」（Investigative Reporting）と「説明報道」（Explanatory Reporting）である。ピュリッツァー賞は日本の日本新聞協会賞とは似て非なるものである。

立場を鮮明にして報道する

欧米の新聞各紙は最初から立場を鮮明にしている。我が社は何党の立場に立っているとか、左右いずれの立場に立つとか、である。歴史上からも、ある政党の機関誌あるいは応援誌的なところから出発したものが多い。

例えば、アメリカの新聞社の場合、民主党寄りの立場にあるのは、ニューヨーク・タイムズ、ワシントン・ポスト、ロサンゼルス・タイムズなどであり、共和党寄りの立場にあるのは、ウォール・ストリート・ジャーナル、ニューヨーク・ポスト、ワシントン・タイムズなどである。

このようにメディアが立場を鮮明にして、ジャーナリズム活動するのを是とする考えとしては、次があると思われる。一つは、人間の意見というのは、立場によって異なることは社会的事実なので、ことさら中立的、普遍的であることを追求することは意味がなく、むしろこういう立場に立つということを明瞭にさせた方が良い、ということになる。

もう一つは、立場の違う複数のメディアが存在して、読者の獲得競争をすることによって、読者の政治意識や情報を豊かにさせることができる、ということである。この面は独裁国家、権威主義国家のメディアのことを考えれば、一層明瞭である。

独自調査を主任務としている

欧米の新聞紙面では、事実と意見がはっきり切り離されている。前者はニュース記事がその代表で、ここでは、意見を交えずに事実のみを述べる。事実を踏まえて意見を述べる記事は後者となる。社説、エッセイ、「フィーチャー」(feature)記事などがその代表である。また、この後者においても、その記述において、事実を述べる部分と意見を述べる部分は峻別される。このことはディベートの精神と社会的役割が影響したものと思われる。

欧米の新聞記者は、日本で代表的な「発表ジャーナリズム」（発表リリースを元に記事を書くこと）にはまったく興味がなく、特に精力を費やすのが調査であり、それに基づいたフィーチャー記事である。それは多くの場合、一面に一部が載り、その続きは他のページに及ぶ一大特集記事であり、事実を踏まえて、意見を述べることになる。そこでは「「nut graph（ナッツの核＝筆者が一番いいたいこと）」へ迫るための素材を各所にバランスよく配置することが肝心だ。このような工夫は人々を魅了する舞台演出や作曲にも通じるものがある」。そういった記事を何本精力的に書けるか、でジャーナリストとしての力量が試される。

欧米各社は世界各国の動きによって世界の動勢が大きく変わることを認識していて、世界各地に特派員を派遣している。あるいは現地のリポーターとの契約によって、現地情報をより早く得ようと努力している。したがって紙面の構成も国際ニュースを全面に押し出す。こういうことは、欧米各国が互いにスパイを放って、諜報戦を行っていることの裏の現象ではあるだろう。

欧米の新聞紙面特徴

その他、欧米記事の特徴としては、記事はどの記者によって書かれたか、署名がなされる。記事の中では、誰が、何時、何処で、何をしたのかなど、5W1Hはいつも明瞭である。だから原則能動態表現が使用される（受動態表現はほとんどない）。日本の場合は、おうおうにして誰が言ったのか分からないとか、なぜそうなったのか、分からないし、いかようにも解釈できる書き方があるが、欧米ではそういうことは絶対にない。

ディベート形式の社説記事

欧米の新聞と日本の新聞で大きく異なることの一つに社説の書き方がある。欧米の新聞社説の書き方はディベート思考とロジック思考に則って書く、ということである。ディベートとロジックは欧米人の習慣となり、血肉となっている。とりわけ論理的であることが要求される社説においては、そうならざるをえない。「はじめに」の中「ディベート方式の議論法」のやり方は話し言葉のことであるが、それを書き言葉で行うのである。主張すべき論題をデータとワラントで補強し、一貫してロジックで読者を説得しようとする（松本道弘『速読の英語』『ロジックの時代』）。

しっかりと訂正記事を出す

欧米の新聞社では、かつてのある記事が間違いであることが分かった場合、事実を正しく報道していないことが分かった場合、必ず訂正報道をする。そのことに関して、アメリカの新聞は「徹底している」。例えば、イラク戦争の頃、ニューヨーク・タイムズにジェイソン・ブレア記者が執筆したイラク戦争についての記事が掲載されたが、後にそれは他誌からの盗用であることが判明した。そのとき、ニューヨーク・タイムズは社内調査を行い、同記者は盗用、捏造記事作成の常習犯であることが分かり、同人を即刻首にすると同時に、同紙面に4ページにわたる検証記事を掲載した。そして編集部の総責任者が辞任している。

その後の同事件発生防止のための措置も徹底している。社内にオンブズマン（パブリック・エディター）を置いた。オンブズマンは「読者の代表であり、読者からの細かい指摘に目を配りながら、社内で新聞のチェック機能を果たす」のだ。このように「新聞の健全性を保つにはやはり外部からの目が必要」なのだ。このように徹底しているのは、事実を報道するのがジャーナリズムの役目なので、その事実が間違っていれば、しっかりと訂正して、そういうことが起きないようにするのは当然である、ということなのだろう（以上、マーティン・ファクラー『「本当のこと」を伝えない日本の新聞』）。

(2) イエロー・ジャーナリ

イエロー・ジャーナリズム

ケント・ギルバートの『本当は世界一の国日本に告ぐ大直言』の序章と第1章で採り上げているのが、ジャーナリズムの偏向性の問題である。同書によると、二十世紀初頭から、アメリカではウソを信じ込ませる「イエロー・ジャーナリズム」が蔓延り、いまや世界中がその渦に巻き込まれているそうである。それをリードしたのが、『ニューヨーク・ワールド』のジョーゼフ・ピューリッツァー、『ニューヨーク・ジャーナル・アメリカン』のウィリアム・ランドルフ・ハーストであった。

「イエロー・ジャーナリズム」の特徴は、偏向あり、捏造あり、フェイクあり、プロパガンダあり、視聴者の頭脳洗脳ありで、真実を正しく正確に伝えるのではなく、煽情主義によって国民大衆を伝達主体・メディアの思うようにコントロールしよう、とする態度にある。日本のジャーナリズムもそれに染まっている、とのことである。

中国やロシアにおいては、現政権が一方的に（一方向のみのベクトルで）、イエロー・ジャーナリズムを垂れ流しているが、アメリカや日本においては、あらゆるベクトルのイエロー・ジャーナリズムがあるのである。日本では、特に中国、韓国からのイエロー・ジャーナリズムが強いわけである。

第3節　日本型の問題点

(1) 記者クラブ・ジャーナリズム

専門職不在でジャーナリストとは言えず

日本のジャーナリズムについては、基本的に新聞についてとし、それについてはマーティン・ファクラーの『「本当のこと」を伝えない日本の新聞』の内容を中心にまとめることとする。日本のジャーナリズムは、第2節での欧米のジャーナリズムとは、まさに正反対の位置にある。欧米のジャーナリズムは中央の政府や社会の不正があれば、それをどこまでも追求する姿勢を持っているが、日本のジャーナリズムにはその気配は感じられない。「権力の番犬」や「正義感」は感じられない。

その証拠の一つに権力に近づき過ぎている。各省庁や政党や大企業には「記者クラブ」があって、それら組織の作成するプレスリリースをもらって記事を書く、ことに血眼を挙げており、そのためにはそれら組織とは親密になる、ことが要請されるからである。そうなると身も心も情報発信元とは同じ心情となりがちである。省庁の官僚や大企業の経営者との同一性、エリート意識、エスタブリッシュメント意識、「官尊民卑」が醸成される。

そうなると人間の心情として、情報源の発出元を批判することはしにくくなる。政治家批判はしても、官僚批判はしない。大企業寄りの記事になりやすく、企業の不祥事を見破りにくい。

もう一つの要因は、日本のジャーナリストのほとんどが、大企業の新聞社とかテレビ局とかに雇われている、サラリーマンという事情もある。アメリカのジャーナリストが独立のスペシャリストであるのに対して、日本のジャーナリストはサラリーマンのジェネラリストである。高報酬で、生活が安定していれば、庶民の生活の苦しみは分からないだろうし、リスクを犯してのビッグ記事を書こうという意識も少なくならざるをえない。

上記は大手新聞社の場合であるが、それ以外に日本には、アメリカ流のプロのジャーナリスト（多くはフリーランス）がいるが、彼等は夕刊紙、週刊誌、特殊雑誌などに寄稿するしか道はない。大新聞での活躍の場は閉ざされている。このように日本のジャーナリストは二極化している。

記者クラブの弊害、アクセス・ジャーナリズム

省庁や大企業と癒着している大新聞などは、省庁や国会、政党に始まり、警察、裁判所など

全国津々浦々の官公庁や役場、業界団体に到るまで「記者クラブ」を設置している。省庁や大企業などがその場所を提供している。その記者クラブには、大手新聞社、大手テレビ局くらいしか入会資格はない。

それ以外のジャーナリズム組織は閉め出されている。雑誌メディア、インターネットメディア、海外メディアの記者、フリーランスのジャーナリストたちは締め出しを喰らうことになる。彼等は独自の取材により情報を発信せざるをえない。

なぜ記者クラブが存在するのか。鎌倉、室町時代の「座」とか、江戸時代の「株仲間」とか、その組織内ではメンバーを同等に扱うが、外に対してはそれ以外の者の入会を一切認めない、というような組織があった。そうした組織の現代版なのか。ともかくも会員会社だけで情報を独占し、互いに儲けよう、ということなのか。会員会社の一社とか二者とかが変な方向に行かないように、相互（一緒に）監視することなのか。

これらの省庁、企業で記者発表があり、プレスリリースが配られる。それに参加し、そのプレスリリースを利用できるのは、記者クラブに入っている会員企業の記者だけである。そこでニュース報道はどうなるか。「横並びで」報道することになる。各紙の記事の内容はほとんど同じ、ということになる。

しかも「関係機関の発表を検証しようせずに、そのまま報じることが、国民にとって何かの利益になる、と言えるのだろうか」となる。さらには、社会的に問題や疑念が生じているにもかかわらず、関係省庁が動かないと、これらの記者も動かず、ようやく社会が動き出すと、これらの記者は重い腰を浮かせて書き始める。すべてが後手後手である。これでは社会の公器たるジャーナリズムの役を果たせない。

マーティン・ファクラーの『「本当のこと」を伝えない日本の新聞』には、こうした事例の記載に満ちあふれている。福島第一原発事故に関わる、ＳＰＥＥＤＩシステムが正しく運用されなかったこと、メルトダウンを頑（かたく）なに認めようとはしなかったこと、オリンパスの不祥事を解明できなかったこと、などなど。

記者クラブを通じた大新聞やテレビ局の報道は、どのようになものになるのだろうか。「大量のプレスリリースの要点をまとめて、さばいているだけ」であって、「日本経済新聞の紙面はまるで当局や企業のプレスリリースによって紙面を作っているように見える。言い方は悪いが、これではまるで大きな「企業広報掲示板」だ」。

さらには、取材対象の政治家や経営者の家族、友人たちと仲良しグループを結成してしまっているので、政治家や経営者の不祥事を暴くことになりにくく、「こんな距離感では、ジャーナリズムとしてまともな記事を書けるはずがない」。これはまさしくマーティン・ファクラーの言う「アクセス・ジャーナリズム」そのものである。

記者クラブの閉鎖性によって、日本の雑誌、ネットメディア、フリーランスの記者、外国メディアの記者たちは「自由な取材を阻害されている」。第一の被害者は彼等である。だが、最大の被害者は日本国民である、とファクラーは言う。なぜならば、「「権力の監視」という本来の役割を果たしていない記者クラブメディアは権力への正しい批判ができていない」からである。それが日本の民主政治にも悪影響を及ぼしている、と言う。

独自の調査報道がない

上記のようなジャーナリズム風土の中、日本の報道にはどのような特徴があるのだろうか。省庁や企業のプレスリリースを元にした報道が主であるからして、当然の結果として、独自に真相を調査究明し、それを発表、報道するという姿勢がない。欧米で主力を占めるフィーチャー記事はあるにはあるが、非常に少ない。独自の調査究明をして報道発表して、それが社会の大問題となり、国の機関が動いたというのは、リクルート事件や森友学園問題ぐらいしかない。それ以外の社会的大事件は、メディアの調査以外のところから発生している。

日本ジャーナリズムの謎の一つとして、「客観報道」の立場に徹する、というものがあるが、「欧米の新聞紙面」のところでの説明のごとく、立場によって意見が異なるのは当然であるので、それらを超越した「客観報道」が理想だ、とする見解は馬鹿げたことである。これを積極的に解釈すれば、記者クラブでのプレスリリース内容に違わずに報道する、という意味ぐらいしかない。ちなみに日本人の記事は「言葉遣いや文法がきっちり決まっており、まるで同一人物が書いている、かのような記事ばかりだ」。

日本の新聞がこのような「客観報道」に徹していることの文明論的究明としては、山本七平と谷沢永一による、「日本教」解釈の一要素であり、格好の証明材料である、との見解がある。この説によれば、日本の新聞社が「不偏不党」の立場に立つのは、日本教そのものが絶対に党派性を嫌がるからである（イザヤ・ベンダサン『日本人とユダヤ人』第６章、谷沢永一『山本七平の智恵』第1章、青木育志『「敵対型文明」と「温和型文明」』第5章参照）。

海外情勢報道が少ない

日本の印刷媒体、電波媒体にしても、海外情報については、偏向していることが多い。まず、日本の新聞、テレビで海外のことが報じられる量は、外国特にアメリカやヨーロッパなどと比べて、圧倒的に少ない。これは、世界が軍事的均衡、諜報合戦の上に成り立っていることを認識していない、日本人の平和ボケの現れであるだろう。

ある重要な問題についても、先進国では詳細に報道されているのに、日本ではほとんど報道されない場合があるし、報道されたとしても、わずかの行、あるいは時間しか報道されない。

いかに日本人は世界の動きに疎いかは、谷本真由美『世界のニュースを日本人は何も知らない』①～④によっても明らかである。

日本各紙の表現特徴

日本の新聞各紙記事での表現上の特徴としては、次が挙げられよう。欧米では記事はすべて署名入りであるが、日本では署名入りは少ない。記事中の人物についても、欧米では実名表記だが、日本では匿名表記が多い。匿名表記が多いということは、「発言者は責任を持たず、記事を載せている新聞社も情報の真偽に責任を持たない、と言っているに等しい」。

欧米では5W1Hを明確に書くが、日本ではいずれかが不明の場合がある。特に、主語なしの受動態表現が多い。例えば、「～だということが分かった」という表現。この場合、どの主体がそれを認識したのか、どのレヴェルで分かったのか、それは定かではない。それに、何の情報やきっかけで分かったのか、その情報やきっかけが記載されていない。ファクラーは言う。「政府や捜査当局、企業の公式発表があったのであれば、「××は△△と発表した」と主語をはっきり書けばいい」。その他のメディアがそう言っているので、後を追っていることを隠すためかもしれない。この背景には「スクープを抜かれ、他紙の後塵（こうじん）を拝することを極端に恐れる、日本の新聞の体質がある」。

「〜と推測される」「可能性が高い」といった表現も見られる。この場合、推測するのはどの主体か、可能性を評価する主体は誰か、いずれも明らかではない。いやそれらを明瞭にしないためにこそ、こうした表現が多用される。あるいは省庁か企業のプレスリリースそのままの表現かもしれない。ここでもファクラーは指摘する。「含みを持たせる物言いは、当局特有の〝官僚言語〟だ」。

総花式の社説記事

もう一つ言わなければならないことは、日本の新聞社説の書き方はディベート思考とロジック思考に則っていない、ということである。そもそも日本にはディベートもロジックも、その習慣もないし、学校でも教育されていない。したがって日本人の血肉にはなっていない。新聞社説とて同様で、第3章第3節（2）「議論に参加しない」の中「説明は雑然的、非説得的」のやり方どおりである。松本道弘によれば、その多くは「論拠薄弱で、論理的矛盾に充ちたものである」「欲張りすぎていて、矛盾が多く、何を言いたいのかよく分からない」（『ロジックの時代』）。

もっと具体的に言えば、①主語がはっきりしていないので、立場が不明瞭である。「拡大されるべきだ」という書き方が多い。誰がそう主張しているのか、不明である。②快感原則に基づいているので、希望的観測が多い。どの国にも受け入れられるような理想論を総論として掲げているので、論拠が薄弱である。③あいまいな語が多い。④総花的で具体性に欠く。⑤見出しと内容が必ずしも一致していない。羊頭狗肉のものが多い（松本道弘『速読の英語』）。

その他日本メディアの報道特徴

その他日本報道の特徴としては、貧困問題や人種差別といった社会問題に疎く、それらを記事にしないことがある。また、日本人記者の資質として、「総じて知識はあるが、情熱が欠けていることは確かだ」。怒りや正義感、「弱い人たちの傍らに寄り添う」という使命感がない、とも言われる。それに木を見て森を見ない態度も指摘される。「一つひとつの問題には詳しいが、事故（事件）全体を俯瞰（ふかん）できていない」。

目立たないようにコソコソと訂正記事

もしかっての記事が間違いであることが分かった場合、事実を報道していないことが分かった場合、第2節で、アメリカ紙の場合は厳正にして徹底的であることを確認したが、日本の場合は、そこまでの厳正さが必要であるとは認識されていない、ようである。目立たない場所で、こそこそと訂正記事を載せているのが現状である。まるで形式的に訂正記事を出しておけば、それで社会的責任は果たせるだろう、との考えの下でだろう、と思わざるをえない。アメリカ紙のところで確認したジャーナリズムの社会的使命の認識の欠如がそうさせているのであろう。

アメリカのジェイソン・ブレア記者事件に相当するのは、朝日新聞による慰安婦報道であろう。朝日新聞と韓国該当者などとの捏造合作であると分かり、その後の朝日新聞の対応は、ニューヨーク・タイムズとは対蹠的なものであった。このことは（２）「反日ジャーナリズム」のところで触れるつもりであるが、朝日新聞はその後訂正もせず、謝罪もせず、記者会見もせず、20年後に社長が謝罪したのであった。第２節で書いたジャーナリズムの役目「事実を報道するのが役目であり、その事実が間違っていれば、しっかりと訂正して、そういうことが起きないようにするの当然である」ということを、日本のジャナーリズムは自覚すべきであろう。

日本外国特派員協会

上記に述べてきた日本のメディア報道について、欧米人ジャーナリストによる不満が爆発した結果が、「日本外国特派員協会」（The Foreign Correspondents' Club of Japan, FCCJ）の設立と、それによる独自の記者会見の実施であろう。そうせざるをえないのは、日本でのオフィシャルの記者会見では、外国のジャーナリストは除外されているので、それならば独自の記者会見を自分らで開こう、との思いが強かったのだろう。

それに、日本の記者会見が「あまりにもつまらないからだ」ということもある。日本の記者会見は形式的でホンネを言わないから、ホンネを言わせて、実質的な情報を引き出す情報源としよう、との思いがあっただろう。ここでは、日本人記者が聞かないような（第3章第3節で確認したごとく、日本人は的確な質問ができないことで有名）ことをズバリ質問し、問題の本質に斬り込む、という意味が大きい。

現にこの会見は現在でも大いに効果を発揮しているし、過去においてもこの会見がもとで田中角栄が失脚することになったし、その他いろいろな社会問題の発火点になっている。このように外国人主催の記者会見が盛んであることは、ウラを返せば、日本のジャーナリズムが不完全だ、ということを示している。

(2) 反日ジャーナリズム

日本のイエロー・ジャーナリズム

上記が新聞を中心とする日本ジャーナリズムの概観ではあるが、今度はテレビ局を中心に、日本のイエロー・ジャーナリズムを概観する。これにはケント・ギルバートの『マスコミはなぜここまで反日なのか』『本当は世界一の国日本に告ぐ大直言』を中心に記述する。
まず第一に挙げねばならないのは、戦後すぐにGHQによるプレスコード（報道禁止）が定められたことである。その内容としては、①連合軍最高司令部批判、②東京裁判批判、③GHQによる日本国憲法起草批判、④検閲制度批判、⑤アメリカ批判、⑥ソ連批判、⑦イギリス批判、⑧朝鮮批判、⑨中国批判、などである。

その禁止の対象はマスコミだけだが、実際には官公庁、日教組、日弁連などがそれを遵守し続けたのみならず、その禁止期間は日本の占領下のみであったのだが、それ以降もマスコミなどは守り続けている、という異常さである。これによって日本人の思考は硬直、狭矮化させられた。政治的に日本は国益を無視して、中国や韓国の利益を守る見解をとり続けている。これなどは「官製イエロー・ジャーナリズム」と言うべきものであろう。

特に、中国に関する報道は制限を強いられている。それは中国と日本のメディアの間で、中国の悪口を言えば、中国駐在を許さない、中国駐在員を置きたいのなら、中国の悪口を言うな、という、屈辱的、売国的な協定があるのであり、それを締結したのは親中派の河野一族の田川誠一である。このために、全世界が中国のウイグル人弾圧についても、大々的報道と糾弾を行っているのに、日本では報道も小さく、糾弾も小規模なものにならざるをえなかった。これなどもイエロー・ジャーナリズムのしからしむるところである。

こういう制約と影響のもと、新聞であろうと、テレビであろうと、日本のメディアは、政治的に公平でなければならない、という放送法第4条があるにもかかわらず、公然と違反して、偏向した内容の報道を垂れ流しているのである。

第三国の報道機関であるかのようなＮＨＫ

メディア主体に論ずれば、第一にはＮＨＫを挙げなければならない。ＮＨＫは戦後一貫してプレスコードを厳守し、左寄りであった。中国や北朝鮮を常に正式名で読んだり、これらの国々を良いように報道こそすれども、批判する映像は一切流していない。こうした態度に、一部の視聴者はＮＨＫを絶対見ないし、視聴料も払わない、という人々も大勢いる。ここにＮＨＫ党なる政党の存在理由がある。

この真相は、ＮＨＫで何を放送するかを決めているのは、ＮＨＫ職員の中国人だそうである。あっと驚くが、ＮＨＫの職員募集の要項には国籍不問となっているからだそうである。国の税金で運営しているＮＨＫの職員は日本人に限る、ということにしなければならないはずなのに、中国の圧力で変えられたのだろう。ともかくも、ＮＨＫの取材、情報収集したものは、ほとんど中国へ流されている、と見ておいた方がよいだろう。

捏造、売国の朝日新聞

朝日新聞もＮＨＫと同様、戦後一貫してプレスコードを厳守し、左寄りであった。その過程で、日本ジャーナリズム史に大きな汚点を残すことになった。それは（a）１９７０年代から90年代にかけての旧日本軍の慰安婦問題の報道と、（b）２０１８年の徴用工問題の報道においてであった。

その詳細は専門書に譲るとして、（a）においては、元陸軍関係者を自称する人物の告白をもとに、その事実を調査、検証することもなく、そのまま報道し続けた。後にその証言は虚偽であることが分かったが、すぐには対応せず、だいぶ後になってから事実とは確認できないとしたが、訂正記事とはしなかった。正式に会社として謝罪会見したのは、20年以上後の２０１４年であった。

（b）においても、事実調査をすることもなく、韓国の原告団を支持するとし、強制連行という言葉を使っていたが、後に雇用契約書があることが分かり、これについては訂正記事を出した。（a）（b）いずれにおいても、当初の記事を見た韓国人や韓国政府から日本は批判や抗議を招き、国際問題化し、日本の立場を危ういものに追いやることとなった。

親中・売国の日経新聞

残る新聞の権威、高級紙としては、日本経済新聞があるが、国際ニュースでは時事通信社の情報を買い受けて、そのまま流したりしているし、専門の論評を載せたりしているものの、専門家の寄稿がほとんどであるし、主体となってあるテーマについて、独自の取材をしているのは、ほとんどない。それに経済に関する記事も、経済学者の高橋洋一によると、ロジックの分からない文系記者が書くので、トンチンカンなものが多い(『「文系バカ」が、日本をダメにする』)。

それに、日経は経団連の立場であり、経団連は中国進出している企業の利益を代表しているので、必然的に非アメリカ派の親中派であった。それゆえに日経を唯一の根拠としている経済人、インテリ人などは自然と親中派となり、日本が国際場裡において、日本を危険に追い込む中国に加担して、日本を弱体化するのに貢献する、売国的組織に成り果てている。

第５章　選挙・投票の問題

第1節　欧米型と日本型の違い

①候補者演説会における候補者と聴衆の行動について。欧米においては、各候補者が一定の場所でスピーチを行い、その後聴衆からの質問があり、候補者がそれに応えて回答スピーチを与えるのが普通である。日本においては、各候補者が一定の場所でスピーチを行うのは一緒だが、スピーチの後聴衆からの質問を受けることはない。言いっ放し、聞きっ放しである。

②各候補者がスピーチする内容について。欧米の場合、自分が当選したらどういう政策を行うのか、今の政局では何が一番重要で、この国はこれをしなければならない、と訴える。応援スピーチにおいても、政策面を訴える。日本においては、基本的には同様だが、候補者のスピーチの中では、政策よりは、地元との繋がりやその他の要素を強調しやすい。特に新人の場合、候補者の名前を売ろうと、名前の連呼になりやすい。応援スピーチでも、政策よりも、候補者の人物の親しみやすさとかその人との繋がりなどを強調する。

③候補者演説会で候補者に対して有権者はどういう行動を取るのか、について。欧米におい

ては、有権者は問題ある候補者の演説会に行って質問する。そして、その候補者が議員たるに相応しい人物であるかどうかを吟味しようとする。政治家に値するか値踏みするのである。

それに対して、日本では欧米で見られるような行動をせず、もっぱら支持する候補者の演説会に行って演説を聞く。しかも宗教系の政党などでは、その宗教の上層部からの指示によって、何日どこそこの演説会へ行け、などと動員がかかる。それらの人々にあっては、その宗教団体での自分の地位に鑑み、幹部の言いなりに動くことになる。宗教系でない政党にあっても、それに近い状況である。有権者にあっては、誰が議員に相応しいか、自主的に検討しようとの態度は極めて薄い。

④有権者の投票の基準について（1）。欧米では自己の意見（政策）に従って投票する。対する日本では、自己が所属（している組織党、宗教、地域など）の長に従って投票する。所属がない場合、外部の意見に従って投票することになる。

⑤有権者の投票の基準について（2）。欧米では、自己の政治思想、政策に近い候補者に投票する。したがって、有権者は容貌や有権者人気の高い人に投票することはない。有名人、政治家二世が当選することはない。日本では、政治思想や政策に従って投票を決めることは少なく、まるで人気投票の感覚で投票する人が多い。したがって、有名人、政治家二世がかなり当選する。有名人議員、世襲議員の誕生となる。

⑥投票の棄権について。欧米では、国にもよるが、棄権するのは物理的に投票所に行けない人くらいである。日本では選挙に関心なく棄権する人が多い。

⑦投票率について。欧米においては、過半数から上限までの間のかない高い率を保っている。日本では、過半数を維持するのに精一杯であり、年々低下傾向にある。

第2節　欧米型の原型

欧米諸国においては、選挙違反は現在においてはない、ものと思われる。選挙違反に考えられるものとしては、（a）金で有権者を買収すること、（b）権力によって有権者をある投票に強要すること、（c）権力によって有権者の投票した票を隠すとか、権力によって有権者の投票したものではないもの（権力者側に好都合のもの）を正規の投票された票として取り扱うことなどが考えられる。西欧諸国ではかつては（a）があったが、現在ではなくなっている。社会主義諸国または権威主義諸国においては、（b）と（c）が行われている。

（1）イギリスの選挙

イギリスの選挙運動

以下、イギリスの事情を記すが、木下広居のイギリス政治についての一連の書（『イギリスの議会』『民衆・選挙・政治』『英国議会』）を元にする。イギリスにおいては、十九世紀中葉に選挙法が改正されて、有権者の買収が禁止され、それが定着して140年以上経っている。民主政治の理念に照らして、有権者を買収することは許されないことは、国民に浸透している。もし有権者の買収が発覚すれば、その候補者は社会的信用を落とし、その政治生命は終わり、イギリスに住めなくなる、くらいのバッシングを受けるだろう。現実にはその者が当選したならば、その当選は無効となり、次点の人が当選となる。

イギリスの場合、日本との関連で興味深いのは、選挙運動するのは、候補者個人が行うのではなく、党の支部単位が行っていることである。したがって、選挙費用を工面したり、使ったりするのは候補者ではなく、党の支部なのである。人間単位では選挙違反する者も出てくるかもしれないが、党組織単位では、そういうことはまずはありえないこととなる。

候補者選定

イギリスの選挙の特徴は、選挙区ごと、その選挙区の党支部が主体となって行うことであろう。その党支部がその地区での党の候補者を決定する。その決定に当たっては、「候補者選定委員会」を開いて、方向性、段取りを決め、候補者を公募し、大勢集まった中から、面接（ディベート）試験で振るい落とし、残った者に演説（スピーチ）試験を行い、選考委員による採点の結果、一人を選出する。この辺は日本では当選しやすい人を中心に選ぶのとは対照的である。

候補者の挨拶状

候補者が決まり、選挙戦が始まれば、まずは候補者と候補者の政策を宣伝せねばならない。イギリスでは、日本での政見放送もなく、選挙公報もないことから、それに代わるイギリスのものは道路横などに立てるプラカードと有権者に配る挨拶状、ということになる。

挨拶状には、候補者の経歴、政見（候補者の言葉）、写真、キャッチフレーズ（広告文言）、候補者夫人の言葉などを載せるが、その編集が見物である。その印刷物は「映画スターを売り出すときのように、人の眼を引くような見出しをつけて、一流新聞並みのスマートな組み方をする。内容は何よりも簡単で力強いことだ。誰でも忙しいから、やさしく簡単で、面白いものしか読まない」。

もう一つは「女性に読んでもらうために、候補者は知恵を絞るわけで、わが国（日本）に氾濫している女性週刊誌並みに、難しい抽象論を避け、敵側の攻撃は絶対にやらない」（『民衆・選挙・政治』）。敵側を攻撃しないというこの態度は、イギリス人の紳士たるところであり、同じアングロ・サクソンとはいえ、アメリカ人とは違うところである。

個別訪問

イギリスの選挙運動の主力は個別訪問と演説会である。まずは、個別訪問について。活動の主体は選挙区の党支部である。党員、党の支持者、候補者の友人、支持者がボランティアで活動を支える（それらの人を運動員と呼ぶ）。選挙区を区分けして、それぞれの地域に、それら運動員を割り当てる。運動員は各家庭を回って、候補者の挨拶状を渡し、支持を訴える。原則は玄関で立ち話をするので、お茶の接待もなしだそうである。

このときに、話し合うのは党や候補者のことばかりでなく、その党の政策が中心になる。その有権者はその党の政策を誤解しているかもしれないし、賛成していないかもしれない。その場合、運動員は誤解を解き、党の政策はこういうものだ、と説得しなければならない。そうした話し合いから、有権者はその党についての理解を深めることになるし、運動員はそこから有権者の隠れた意見などを掘り起すことなる。ともかくもこうした個別訪問は投票率を上げることに貢献している、ことは確かなのである。

立ち話が終わって、運動員は帰っていくが、そのとき調査票を持っていて、その帰路あるいは事務所に帰ってからそれに記入する。この有権者はこの候補者について、賛成しているか、反対しているか、未だ態度は不明（疑問）か。そして事務所では、それらの調査票をもとに、それまでの段階での賛成、反対、疑問などの比率を引き出して、その後の運動方針を変更したりする。どこの家庭でも、人間の心理は同じらしく、家庭訪問してくる両党の運動員に、お宅の党の候補者に投票する、と答えるらしい。そういうことで、両党の当落予想はかなり楽観的なものになるようだ（両党の賛成率を足すと１００％を超える）。

演説会（パブリック・スピーチ）

選挙区の演説会とは、ある党から立候補している人物の演説会のことであり、その演説会には基本的にその党とその候補者を支持する有権者が集まる。態度を決めてなくて、その演説を聞いてから態度を決めようという人も参加する。その日時と場所などはプラカードと挨拶状で明らかにしている。場所としては、屋内が多い。

演説者が話す（スピーチ）内容は政見を中心としたもので、有権者に配った挨拶状の内容を膨らませたものが多い。それも日々の生活に直結する、税金、物価、失業、住宅、道路、水道などの問題で、何をどういう風にいつまでに変えるのか、具体的であることが求められる。また、相手党との政策の違いについても、熟知していて、その違いを訴えねばならない。

理想論や抽象論では有権者の心を掴むことはできない。また、できもしないことを、さも自分の力でできるかのような、大ほら吹きも相手にされない。なにしろプラグマティックで、現実問題を尊ぶアングロ・サクソン民族だから。

演説会では、候補者が演説するだけではない。候補者の妻が演壇に上がり、何かしらの演説を行う。これは女性有権者を狙ってのことと思われる。これには万国共通とも言うべき、家庭を幸福にする人は国民をも幸福にしてくれるかもしれない、その思いに通じているのかも知れない。やんやの喝采があり、相当な効果があるらしい。

候補者の演説が終わると、日本ではそれで解散となるが、イギリスではそうではない。質疑応答のディベート・タイムとなる。これこそが「演説会の花」なのである。司会者が質問者を募ると、30人ばかりが手を挙げる、という。暗黙のルールなのか、司会者はまず女性を順番に当てていき、その後は男性である。

質問者の質問は三分類できようか。一つは支持者からの応援質問である。当選すれば、こういうことをしてくれ、それを期待するなど。もう一つは基本的にはその候補者支持ではあるが、これについては不明なので、これについて明らかにしてほしいなど、政策を確認するもの。最後の一つが敵対党支持の人で、この会場でその候補者の政策を批判し、その候補者の回答を引き出し、さらに追い詰めて、その候補者の政治家不適性を証明しようとする、ものである。そういう人はヘックラー（heckler）と呼ばれて、敵対党から送り込まれてくる。「敵側から来た、詰問する人が控えていて、寸鉄人を刺すような言葉でいじめる」（『民衆・選挙・政治』）。

このヘックラーと候補者との激しいやり取りが、この演説会での最大のハイライトなのである。「この答えに失敗して笑いものになったら、万事休すである」。このやり取りは議会での与党と野党のディベートを、一般大衆の場に移したもの、とも言えよう。ほとんどの人はこれを見るために演説会に参加しているのである。「聴衆はこんなときに飛び出す当てこすりやユーモアを心から楽しんでいる」（『民衆・選挙・政治』）。ここから分かるとおり、イギリスでは、政策の問題が一般大衆のレヴェルで議論され、それが一般大衆のものになっているのである。

(2) 欧米の投票行動

アメリカの選挙運動

次にアメリカの選挙運動であるが、木下広居の著書ほどに詳細に報告したものはないこともあり、基本的にイギリス型であるので、アメリカ特有の事象を追加するだけでよいであろう。アメリカの選挙運動の核は（a）個別訪問、（b）演説会（パブリック・スピーチ）、それにプラスするに（c）テレビ広告、インターネット広告、ネガティブ広告、ということになろうか。

アメリカにおけるテレビ広告、インターネット広告、ネガティブ広告は、欧米先進国の中では、ハイテクなどを駆使した最も先進的な運動法ということになろう。特に、最近の2・3回の大統領選挙では、インターネット広告に、どれだけの人員と費用と労力をかけたが、勝敗を分けることになった、とも言われている。

欧米での投票選択基準

アングロサクソンから始まった近代民主政治では、王や貴族の権限を制限し、徐々に民衆の権利を拡大させていった延長線上にあるので、有権者自身が多数決によって、その方向性を決めるのである。有権者自身にその自覚がある。そういうことは時代や世代によって変わっていくだろうが、生活の伝統や先祖の遺産としてそれがある。

それにプラスするに、その代議士を選ぶに当たって、有権者が重視するのが、第一に自己の支持する政党の候補者かどうか、第二に代議士になるに相応しい弁論力（ディベート力）があるかどうか、である。この第二のディベート力は単にスピーチ力のみを意味しない。それよりは二者間のスピーチの応酬であるディベート力なのである。

それは自身が高校または大学でディベート・コースを受けた経験から、どういうことがディベートで優れているかと分かっているので、候補者のスピーチを聞いて、それで引き下がるのではなく、スピーチを終えた候補者に鋭い質問をするのである。それで答えられなかったり、しどろもどろになれば、政治家の資格なし、と判断するのである。欧米の当選者はそういう厳しい有権者のテストに合格した人たちなのである。日本の選挙においては、こういう機会がないのは大いに問題である。

したがって欧米では、有名人が立候補したとしても、上記の方法でまずテストしてみるし、大前提として有名人が有名になった能力と政治の場で活躍する能力は別物である、との認識がある。だから、有名人が多数立候補するのを見ると、我々有権者をバカにするのか、との反発も生じるようである。日本において、そういう反発が生じないところが大問題である（第７章第３節で問題とする。衆愚政治の前兆である）。

さらに継ぎ足すとすれば、前回の選挙で選んだ当の議員（現候補者）が、その後議員たるに相応しい活動をしたか（議会において顕著な発言をしたか）を点検し、相応しくないと判断すれば、その候補者に投票しない、という行動に出ることもある。

欧米における議員たる条件

欧米における議員たる条件は何であろうか。選挙での候補者と有権者とのやり取りで、有権者に感心させるくらいの「スピーチ力」「ギブ・アンド・テイク」（議論の応酬力、ディベート力）を示さなければならない。それを証言するのは、次のことである。

イギリス総選挙では、「候補者のスピーチのあと、聴衆の質問を受け、これにいかに誠実に、スマートに、かつユーモアと機知をもって応えるか、が政治家の能力判定の重要なカギとなる。壇上からの獅子吼だけでは、政治家としての合格点はもらえない」（松山幸雄『イメージ・アップ』）。アメリカにおける候補者の条件は何であろうか。松本道弘によれば、それは一にも二にも「ディベート能力」であり、議員たるものは「ディベーター」であることを求められる（『ロジックの時代』）。

それの最たるものは大統領選における「テレビ討論会」（United States Presidential Election Debates）である。名称はディベートとなっているが、競技ディベートや教育ディベートとは異なる、特殊なディベート形式となっている。司会者の質問に対して、各候補者が答弁スピーチを行い、それに対して相手候補のスピーチに対して反論スピーチを出し、相手も同様に行う、というものである。正規の競技ディベートではないが、各候補のスピーチ力、ギブ・アンド・テイク力、ディベート力が明瞭となる。

第３節　日本型の問題点

(1) 日本選挙の特徴

日本の選挙運動の特徴

日本の選挙運動の特徴をイギリスとの対比で述べれば、次のようになろうか。国会議員の選挙での有権者買収などの選挙違反はここ２・30年ではほとんど見られなくなったが、完全というわけではない。２０１９年の参議院選挙では、河井夫妻選挙違反事件が起きている。

イギリスの選挙運動の核である個別訪問は日本では解禁されていない。その理由として、個別訪問の結果として、買収や利益誘導が行われやすいこと、有権者の私生活を邪魔すること、人情によって投票行動が変えられるおそれがあること、などが挙げられている。

これは比較文明論的には興味のあるところであり、イデオロギー社会（「はじめに」、『「敵対型文明」と「温和型文明」』参照）である欧米においては、個別訪問によって訪問された人の意見が変わることはないが、人間関係社会である日本においては、訪問する回数や訪問する人によっては、訪問された人の意見が大きな影響を受ける、ことを考慮してのことだと思われる。しかし、このことによって、運動員と有権者との間で、政策について話し合うことは、ほぼ断絶的に回避されることになる。さらには、有権者が争点ごとに政策を考える道もほぼ完全に近く閉ざされることになる。

もう一つの核である演説会についても、日本においても同様に行われているが、大きな違いがある。それは候補者の演説後、イギリスにおいては聴衆から質問が雨霰のごとく飛び、候補者はそれに答え、それだけで演説会の大半の時間を要するのに対して、日本では質問を受け付けないし、受け付けても質問が出ない。それに代わるに、候補者以外の駆けつけた応援弁士複数人による演説がある。

これについては、次のことを指摘しなくてはならない。すなわち、欧米においては、第3章第2節（1）で確認したごとく、演説と質問はセットになっているのであり、選挙においても候補者の演説の後には候補者への質問が続くのである。これは一人の演説は一人の意見であって、それが正しいか、確認しようとするからである。それに対して、演説と質問がセットになっているとの認識とその習慣のない日本においては、選挙においても候補者の演説のみに終わってしまう。一人の演説の内容が正しいか、それを確かめようという発想がないのである。

候補者選定

日本での候補者決定は、共産党と公明党とそれ以外とでは、大きく異なる。共産党と公明党はイデオロギー政党なので、原則大陸の共産党系政党と同じであるが、違いがあるとすれば、日本の二党はそのイデオロギーにどれだけ習熟しているか、あるいは長たる者との人間関係によって決まる、と言えようか。

それ以外の各党にあっては、各党によって違いはあるものの、まず①現役者優先原則があり、次いでは②有権者向けの顔が良いこと、当選しそうな者優先で、決定している。候補者の政策決定能力、ディベート力、スピーチ力はおかまいなしである。それによって有名人候補者、世襲候補者が多くなる。

日本のおかしな選挙風土

日本では選挙中、候補者がマイクで演説を始めると、町行く人々のわずかの人のみが、支持する候補者と関係なく、偶然居合わせたから聞いておこう、として立ち止まる者もいるが、聞いている人のほとんどは演説している候補者の支持者である。

これをおかしいとは思わないのだろうか。演説を聞く前から、その候補者の政党や政策が分かり、その候補者に投票するとかしないとか、だいたいは決めているようである。が、その本人の説明力がどうか、政策を真剣に考えているのか、政治力があるのかどうか、そういうことは本人の演説を聞いて分かることである。そういう観点から、どの候補者が適任かを決めようとすれば、全候補者の演説を聞いてから判断すべきである。

だが、日本で実際の演説会に集まっている人のほとんどはその候補者の支持者たちである。現に公明党や共産党の場合は、支持者（信者、党員、シンパ）たちに集合指令がかかる。その他の党も、それよりも指令の度合いは緩いものの、指令かお願いかがかかる。その演説会はまるで、その政党がどのくらいの人たちを動員できるかを競っているかのようである。集まる人たちにすれば、私はこの候補者を応援する、この党の信者、シンパである、と言っているようなものである。

日本の立候補者と有権者に言いたいのは、候補者演説の後、質問タイムを設ける、ということである。日本はイギリスから議院内閣制を導入したが、その選挙の動態、有り様をほとんど学んで来なかったのである。質問をする制度の導入を怠った。候補者に質問して、その候補者が議員たるに相応しい人物であるか、吟味する習慣をつけて行かねばならない。

宗教団体との結び付き

そうしたおかしな選挙風土の中、特に問題となるのは、保守政党と宗教団体との結び付きである。宗教団体の中では、神道や既存仏教においては、宗教と政治の結び付きは弱い。問題となるのは、明治以降に設立された新興宗教である。なにしろこれらの宗教団体の信者は数多いし、それらの信者は上記で見たごとく、教祖の号令一下、信者はそのとおりに投票行動する。これを取り込めば、獲得票数の大幅アップが期待できる。その他、選挙費用についても頼れるかもしれない。さらには選挙運動のときの運動員としても期待できる。これほど頼りになるものはない。

ここからおかしな現象が生ずる。政策においては、水と油の関係と思われる、自民党と公明党が提携するということが、ここ20年生じている。自民党としては、安定多数を得たいのであろう。公明党は政権中枢の閣僚という位置を得たいのであろう。このことから、政策的には中国と対峙したい自民党と中国べッタリの公明党との間で、対外政策が決められない、あるいは骨抜きになる、とかのマイナス面が生じている。

あと一つ問題になっているのは自民党と旧統一教会の関係である。22年７月、安倍元首相が一青年に狙撃され、一命を亡くす、という事件が発生した。その青年の家族が旧統一教会の信者であり、その過剰な献金により、一家が生活できなくなったので、旧統一教会と関係が深いとされる安倍氏を襲撃した、というわけである。

ここでの問題は、マルクス主義が批難する、資本家による労働者の搾取以上の、過酷な収奪が宗教団体を名乗る集団において、行われていて、深刻な社会問題となっている。これへの解決策について、個別検討することは本書のテーマを外れることになるので、これ以上はしない。しかし、衆愚社会での典型的事例でもあり、第7章第3節において検討する。

日本での投票選択基準

翻って日本での、有名人に無造作に、有名人であるがゆえに有名人に投票する人たちは、欧米での民主政治の伝統とは無縁の人たちである。それらの人たちにあっては、ただ投票権が与えられているので、何の選択基準も持たず、唯一の選択基準にするのが有名人かどうか、ということである。何たる衆愚政治であろうか。

おかしな選挙風土の原因

上記のようなおかしな選挙風土の原因は、端的に言えば、議論教育を行っている国とそうでない国の差が原因しているのである。議論教育、ディベート教育している国では、議論とディベートの精神に則り、ある政党候補者の訴えは分かったとして、その訴えに非はないのか、それを知ろうとするし、それを知らされなければ、自ら候補者に質問して、自ら判断しようとするのである。

また、政策を訴える、それを知るという行為と、実際の候補者の政治家資質を訴える、それを知るという行為は別ものである。政策そのものは政党の政策担当者によって決められるので、その政党候補者間では違いはほとんどない。であるから候補者の演説や質問から引き出すべきは、その資質のありなしである。そこで重要になるのが候補者の政治家資質のありなしである。それがないと、選挙で当選するのはバカばかりとなる。それこそ愚民政治、衆愚政治である。

このように日本では、政党が候補者を発表すれば、その党員、信者、シンパはその政党の指定している候補者を疑わず、その候補者の政治家資格を吟味しない風土があるので、政党側はそれを悪用して、政治家資質がない（もしくはあるかないか分からない）人を、単に国民に人気があるというそれだけの理由から、候補者にしたりする。そこから芸能人やスポーツ選手出身の政治家ができたりする。

(2) 有名人と世襲者の問題

有名人多数擁立の意味

戦後、衆参の選挙において、有名人が立候補し当選した事例は表２のとおりである。

表2　かつての主要な有名人当選者

有名人指名	職業	当選年
石田一松	タレント	1946年
横山ノック	漫才師	1968年
安西愛子	声楽家	1971年
高橋圭三	アナウンサー	1971年
立川談志	落語家	1971年
一龍斎貞鳳	講談師	1971年
田英夫	ニュース・キャスター	1971年
コロンビア・トップ	漫才師	1974年
宮田輝	アナウンサー	1974年
秦豊	アナウンサー	1976年
扇千景	俳優	1977年
青島幸男	タレント	1979年
畑恵	アナウンサー	1980年
西川きよし	漫才師	1986年
アントニオ猪木	プロレスラー	1989年
黒岩祐治	アナウンサー	1990年
小池百合子	アナウンサー	1992年
森田健作	歌手	1992年
橋本聖子	スケーター選手	1995年
蓮舫	タレント	2004年
丸川珠代	アナウンサー	2005年
杉尾秀哉	アナウンサー	2009年
山本太郎	タレント	2013年

２０２２年7月の参議院選挙で、各党は最も多く有名人を擁立した。まず、各党別に有名人を擁立した例としては、比例区に限定して見てみると、表３のとおりであった。表面上一番高いのは参政党であるが、当選者人数が少ないので除外するとして、人数多い党で有名人を活用(悪用)しているのは社民党、共産党、維新党である（表３参照）。

表３　各党の有名人擁立率

政党	有名人	全候補者数	擁立率
自民党	4人	33人	12%
立憲党	3人	20人	15%
公明党	0人	7人	0%
維新党	5人	26人	19%
国民党	0人	9人	0%
共産党	1人	5人	20%
れいわ	1人	9人	11%
社民党	2人	8人	25%
参政党	3人	5人	60%

選挙結果から言えること

22年の参議院選挙では、有名人候補者55人のうち当選者は36人で、その当選率65％であり、有名人ではない候補者５０９人のうち当選者は89人で、その当選率17．５％であるから、明らかに有名人が有利であることが実証されている（表４参照）。

また、今回の当選者数１２５人のうち、有名人の当選者36人であるから、全体に占める有名人の比率は28．８％である。この29％が高いのか低いのか、国際的な統計がないので、なんとも比較のようもないが、率直に言って高い比率である。つまり政治家

表４　元の職業別の当選率

	職業	立候補者数	当落数	当選率
a	ユーチューバー	９人	３勝６敗	33%
b	アナウンサー	11人	６勝５敗	54%
c	タレント	12人	８勝４敗	67%
d	スポーツ選手	４人	３勝１敗	75%
e	ジャーナリスト	３人	１勝２敗	33%
f	元地方行政トップ	４人	３勝１敗	75%
g	現元閣僚、現元党役員で著名な人	12人	12勝０敗	100%
計		55人	36勝19敗	65%

としての資質や、政策なども考慮せず、有名人であるというだけで、その人に投票する、という選挙民の愚民化が指摘できるのである。

外国はともかくとして、日本の政党において、有名人を活用（悪用）し、それにまんまと呼応する（悪用される）有権者といった事象は、日本の民主政治に汚点を残すものである。現実に世界の民主政治度ランキングで、日本は20何位で、韓国よりも下である。これには、（a）女性当選者が少ない、（b）投票率が低い、と挙げられるのであるが、隠れた指標として、（c）有名人がやすやすと当選する有権者の愚民的性質（世襲政治家が多いことも同根）もカウントされているのでないか、と思われる。

有名人候補者の元の職業別の当選率は表４のとおりである。これで見ると、一番高い当選率は（g）現元閣僚、現元党役員で著名な人でその当選率は１

００％であり、次いでは（ｆ）元地方行政トップの75％であった。ここから言えることは、有名人当選の流れはあるものの、中央と地方の政治に関わっている人をより尊重していることが分かる。純粋な有名人の中では、（ｄ）スポーツ選手と（ｃ）タレントの当選率が高い。

有名人が有利な理由

党として、これら有名人を一人も擁していないのは公明党と国民党だけである。これらの党にあっては、掴み得ている党支持者だけで十分候補者を当選させる自信がある、ということなのだろう。それ以外の党にあっては、一人でも多くの票を獲得したいので、有名人の起用ということになるのだろう。

これら有名人は他の候補者と違って、日本では特に有利である。今までの選挙においても、何の政治経験もない、何の政治資質を持たないとされる者であっても、有名人であるがゆえに、当選してきた経緯がある。何よりも日本の有権者は、候補者を選択するときに、自己の政治方針、信条に近い人を選ぶよりは、有名であるという、ただそれだけの理由で選ぶ人もかなり多いからである。

選挙により代議士を選ぶということは、本来的には自己の政治方針、信条に近い人を選ぶことで、自己の政治方針、信条を国政に反映させることなのだが、そのことを自覚している人は案外少ないのである。少なくとも有名人を選ぶ人はその自覚が足りない。

有名人、世襲候補者大幅当選の意味

選挙をすれば、有名人が得をする。ゆえに各政党は有名人を大量に候補者として擁立する。それは日本の選挙の鉄則であるかのごとしである。有名人イコール政治的有能人ではない。有名人はそれぞれの分野では有名になるくらいだから、それぞれの分野では有能かもしれない。しかし、政治においてはほぼ有能ではないだろう。それは平均的確率からほぼ言える。つまり有能ではない政治家を数多く誕生させることになる。こういう現象は衆愚政治と言わずして、何と言うべきであろうか。

二世議員、世襲議員が生まれる現象も、広い意味では有名人当選と同じことである。それは良く知られた前職、現職の親戚などの関係から、半ば前職、現職政治家と同じイメージで捉えられるからである。その意味では有名人なのである。

それ以外にも二世候補者、世襲候補者は、良く知られているように、①地盤＝選挙区、組織力、②看板＝知名度、③カバン＝資金力を引き継ぐので、一般の候補者に比べて、断然に有利である。単なる有名人は②看板を持つだけだが、二世候補、世襲候補は①地盤、②看板、③カバンの三つを持っているからである。

第2部　原因・対策編

第6章　教育面の問題

第1節　欧米型と日本型の違い

①議論教育においては、欧米では、小中学校において、あらゆる種類の議論教育（スピーチ、ダイアローグ、ディスカッション、ディベートなど）が行われている。日本においては、そういう議論教育は一切行われていない。

②公民教育（有権者教育）においては、欧米では小中学校で、何等かの公民教育が施されている。日本においては、小中学校において、そのような公民教育は一切行われていない。

③大学の法学部教育において、欧米では法案作成法を学ぶ。日本においては、法解釈学が中心で、法案作成法を学ばない。

第２節　欧米型の原型

ここからは欧米での議論教育の実態を述べることになる。それには、今までの著書『弁論術の復興』『「敵対型文明」と「温和型文明」』『文明と野蛮が交錯するとき』での叙述と重なるかもしれないが、重要なことなので、重複を厭わず記していく。

(1) 欧米の議論教育

1．小学校教育

《イギリスの小学校》

イギリスの小学校の低学年では「ショー・アンド・テル」(show and tell)、「トーク」(talk)、「ディスカッション」(discussion)、高学年では「ディスカッション」「ディベート」(debate)、「マンイド・ストレッチャー」(mind stretcher) が行われる（山本麻子『ことばを鍛えるイギリスの学校』)。

このようにイギリス人は小学校のときから、人前で上手に話を進めたり、壇上からスピーチをする訓練をしっかり受ける。教育を受ける生徒の方も、少年とは思えないほど落ち着いていて、弁舌さわやか、かつ論旨が整然としているものが少なくない、という（小山堯志『英国流リーダーの作り方』）。

《アメリカの幼稚園・小学校》

アメリカでの議論教育は驚くなかれ保育園・幼稚園の段階から始められる。幼児は「見せて、お話し」（Showing tell）の授業で、みんなの前で、自分の好きなものを持ってきて、それを説明する（小川和久、佐々木良昭、川瀬勝『脆弱性』）。小学校の生徒は同様に「ショー・アンド・テル」（show and tell）の授業で、みんなの前で話をする（松山幸雄『国際対話の時代』）。このようにアメリカの子供は非常に早い時期から、人前で自己をどのように表現すべきか、という訓練を受ける。こういうところを見ると、まるで人前で自己をうまく表現できないものは人間ではない、と言い聞かせているかのようだ。

また、小学校の生徒は大統領など偉大な政治家の歴史的スピーチの勉強をする。パトリック・ヘンリーの「give me liberty or death」やリンカーンの「ゲティスバーグ・スピーチ」などである。「アメリカでは小学校1年生ぐらいから、政治に対して積極的に興味を持たせる教育を行う。もちろん（大統領）就任演説も、全国の小学校で先生が子供たちにテレビで見せていたはずだ」（高市早苗『アメリカ大統領の権力のすべて』）。

２．中学校教育

《イギリスの中学校》

イギリスの中高等学校に当たるパブリック・スクールでは、学科ではないが、２週に１度、夜２時間ほど討論会がある。その討論会の運営は、議会制度との本場とあって、議会の習慣に従って運営される。その目的は討論会の技術の修得にかかっており、その主張の当否は大して問題ではない（池田潔『自由と規律』）。

イギリス国語教育の指針は、山本麻子の報告に基づきまとめれば、次のとおりである。イギリスでは「子供は話すことによって学ぶ」とされ、日本では「子供は先生の教えることを聞くことによって学んでいく」のとは対照をなしている。また、聞くことに関しては、受け身的に聞いたり、話し手の言うことをそのまま受け入れるために聞くのではなく、「話す」作業の一環として、または「話す」目的を達成するために「聞く」、ことが奨励されている（『英国の国語教育』）。つまり、「話すために」が全面に出て、そのために他の多くの手段が動員されるのである。

《アメリカの中学校》

アメリカ人は中学校から本格的なディベート教育を受ける。個人の意見とは関係なくクラスを二つに分けて、ありとあらゆるテーマについて、肯定か否定か、賛成か反対か、で二つの陣営を作り、代表を立て合って、ディベートを重ねる。例えば、原子力発電の増強の適否や軍事費増強の適否などをテーマに、本人の信念とは関係なしに、わざと賛否両論の立場から、ある立場を強制し、討論させるようにする（小塩節『ちょっとイキな国際感覚』）。信念を形成してどちらかに片寄るよりも、どちらに立っても説得的な議論ができるように、柔軟になることが重視されるのである（松山幸雄『イメージ・アップ』）。

《フランスの中学校》

フランスでは、義務教育から大学まで、人前でしゃべる能力、ことに準備なしでとっさに論理的な話のできる能力を身につけるように、徹底的にしごく。3分と言えば3分、15分と言えば15分、きちっと喋れることがインテリの必須条件なのである。また、小学校から大学教授資格取得まで、試験と言えば筆記試験はなく、口述試験のみであり、口頭による瞬発力のない者にインテリの仲間入りはできない、のだそうである（松山幸雄『イメージ・アップ』）。

《スイスの中学校》

スイスでは、スピーチ教育が徹底しているようだ。生徒はヨーロッパ史上名演説家として知られた人々のスピーチを読み、どうしてこれらが良いスピーチなのかを勉強する。例えば、デモステネス、キケロ、ボスィエ、オノーレ・ミラボー、オットー・フォン・ビスマルクなどのスピーチである。何が名演説家を作り上げたのか。いかにしてよい演説家になるのか。それから、スピーチの定義、喋り言葉と書き言葉の違い。これらのことを、一つ一つ詳しく学んでいく（トマス・インモース『ヨーロッパ心の旅』）。

3．高校教育

《イギリスの高校》

上級生になると、月に1回、普通の授業の代わりに、午後には「討論」（ディベート）がある。①議長を務めるのは校長先生で、②論題も校長先生が選ぶのである。例えば、「犬は家畜としてネコに優ると考える」だとか、「文は武に優ると考える」とかいう論題である。③次に最上級の一人に、首相としてこの議題を提案することを求め、④そして別の生徒には、野党の党首として、この提案に対する反対演説を求める。⑤二人の生徒は、それぞれ自分の側から2人ずつ発言者を指名し、賛成、反対の演説をさせるのである（ピーター・ミルワード『イギリスの学校生活』）。

イギリス高校の弁論部では、次のような前提条件で、弁論活動を楽しんだ、と言う。①論題は決して堅苦しいものではない。取るに足らないようなものでなくてはならない。②ある演説者が独自の見解を持っているのなら、その反対側に立って反論するように勧められる。③聴衆を機知に富んだ意見で喜ばせたり、ときには腹を抱えて笑わせるようにする（ピーター・ミルワード『イギリス・くにひと』）。

《アメリカの高校》

アメリカの高校では、「スピーチ・コミュニケーション」（speech communication education）の一貫として、「ストーリー・テリング」（story telling）、「オーラル・リーディング」（oral reading）、「オーラル・プレゼンテイション」（oral presentation）、「パブリック・スピーキング」（public speaking、スピーチ）、「ディベート」「グループ・ディスカッション」、各種暗唱、質疑応答、ケース・スタディが用意されている。いずれも理論的解説よりは、実践的訓練に重きがかかっている。

これらのコースのほとんどは必須科目ではなく、選択科目であるが、ほとんどの生徒はこれらのコースを選択するという。1セクションあたり約20人の生徒で、週1回50分で、実技中心である。

高校でのスピーチ教育の一端として、次のようなことがある。まず、新聞や雑誌に掲載された有名な政治家や学者のスピーチ記事を切り抜き、それを小トピックスに従って分類し、一つのテーマがどのような順序で展開されているかを理解する。次に、それを参考にして自分のスピーチの原稿を作り、それを暗記してクラスで発表するのである（高島敦子『考える人を育てる言語教育』）。また、高校生で大学を志す者は夏休みに2～3週間の「ディベート・キャンプ」に参加する、という（北岡俊明『ディベートがうまくなる法』）。

《フランスの高校》

国際的な大学入試資格を取得するための「国際バカロレア」の最後の試験では、受験生は教師の質問に対して正しい答を言うだけでなく、なぜそれが正しいと思うのか、その判断の根拠を述べて、教師を説得しなければならない。また、他の学生が自分と違う答を出したときは、その学生と徹底的に議論することが求められる（高島敦子『考える人を育てる言語教育』）。

《ドイツの高校》

ドイツの高校（ギムナジウム）の場合、議論教育として主力が置かれるのは、書き言葉における論理力、主張力である。この点、フランスが口頭言語における主張力、説得力に力点が置かれているのとは対照的である。フランスのバカロレアに相当するアビトゥアの試験では、筆記試験において、難問に対して、長時間で中程度の論文（日本の論文試験の5倍程度）を作成させ、懐疑力、論理力、構築力、説得力を判断するという（川口マーン惠美『サービスできないドイツ人、主張できない日本人』）。

4. 大学教育

《イギリスの大学》

オックスフォード大学のスチューデント・ユニオンでは、次のような議論教育が行われている。すなわち、1人がある法律の制定賛成を主張し、他の1人が反対を述べる。15分ほど議論をしたあと、2人は立場を変える。初めに賛成論を言った者が今度は反対論を主張し、反対論を言った者が賛成論をぶつのである。立場が逆転したとき、前回相手が主張したのとは違った論点で主張しなければならない（黒岩徹『豊かなイギリス人』）。

同じオックスフォードではあるが、他の報告者では次のごとくである。前記のユニオンでは、週に1回、イギリス議会と同じ形式の討論会がある。そしてオックスフォード大学在学の多くの学生がそれに参加している。本番はゲストやプロを迎えてのディベートであるが、その前に「緊急討論」として、学生によるディベートもあるとか。

本番においては、論題が決まっていて、3人の論者が論題に賛成する立場、反対する立場のそれぞれで、スピーチを行い、質疑応答があったあと、次の論者に入れ替わり、３人が終わると、討論会は終わりとなる。そのとき司会者は３人に謝辞を述べ、聴衆に対して、論題に対して賛成する人は「アイ」の扉から、反対の人は「ノー」の扉から出るように指示する。それぞれの扉には人数をカウントする係員がいて集計し、翌日賛否の結果が事務所に掲示される（川上あかね『わたしのオックスフォード』）。

《アメリカの大学》

十七世紀後半、ハーバード大学で、スピーチとディベートの教育を採り入れて以来、「スピーチ・コミュニケーション」（speech communication education）は全アメリカの中等教育から大学教育にまで普及していった。

アメリカのほとんどの大学では、「情報提供スピーチ」（informative speech）、「説得スピーチ」（persuasive speech）、「パブリック・スピーキング」などのコースが、一般教養科目の中で重要なものとして位置づけられている。いずれのコースでも、人前で、筋道立てて、聴衆に分かりやすく、説得的に、話すことができることに、力点が置かれている。

その教授法は次のようなものである。つまり、まず学生がオーラル・パフォーマンスを行って、次に教師が学生に寸評を加え、他の学生にも評価を加えさせる。多くの場合、学生のパフォーマンスをビデオ撮影し、そのビデオを教師と他の学生もともに見ながら、分析、批評する。

「パブリック・スピーキング」のコースでの授業のやり方の一例は次のようなものである。1クラス15〜20人で、週2回、1回につき50分の授業で、スピーチのパフォーマンスとして、自己紹介スピーチ（2分）、現場描写スピーチ（2分30秒）、情報提供スピーチ（5〜6分）、政策スピーチ（5〜6分）、説得スピーチ（7〜8分）を行う。パフォーマンスのほかは、教師の質問に答えたり、ディスカッションしたりする。

そのほか、中間、期末の筆記試験、その間の小テスト数回、リサーチ・レポート1回をこなさねばならない。このような授業内容に、雄弁で鳴るアメリカ人学生も難解なクラスだと悲鳴をあげるぐらいである（『アメリカ学の現在』）。

これらアメリカの大学の授業に共通していることは、スピーチやディベートではない一般科目の授業においても、教授が学生に対して一方的に講義するという形式のものは少なく、最初に教授が形ばかりの説明をして、後はそれについて学生に意見を述べさせ、他の学生にそれに対する反論を述べさせるなど、ディベート形式で行うことである。知識を伝えるのではなく、それに至るまでの考え方（think すること）を実地に指導、訓練している。ハーバード・ビジネススクールでは、それを徹底しているらしい（秋澤公二『アメリカ人は英語で考える』）。日本では、この方式はマイケル・サンデル教授の白熱教室として有名である。

プリンストン大学のキャンパスには「ディベート・ビルディング」と呼ぶ校舎があり、そこで多くの学生がディベートを戦わせている（北岡俊明『ディベートがうまくなる法』）。これは授業ではなく、クラブ活動ではあるが、これらをベースに全国規模のディベート・コンテストがある。

5．社会人教育

《イギリスの政党》

イギリスでは、各政党においても、スピーチ、ディベートなどの弁論術の教育が行われている。ウェストミンスター議会の隣の、保守党中央事務所の会議室では、毎週1回弁論術の訓練が催されている。そこでは、さまざまの年代の男女、とりわけ青年男女が集まって、初級、中級、練習生の三つのクラスに分かれて、熱心に授業を受けている。彼等はそれぞれ地方議会議員や国会議員への立候補の野心を抱く者ばかりである。現在保守党衆議院議員の多数がここで学んだと言われる（松浦嘉一『英国を視る』）。労働党においても同様であろう。

《イギリスの社会人》

イギリスでは、十九世紀の末から労働者クラブの教育活動でも、弁論術の教育がなされている。ＣＩＵという団体主催の討論では、さまざまな地位や職業の者たちが集まって、重要な公的問題についてディスカッションやディベートを行っている。そして、全国レヴェルのコンフェレンスにはクラブの書記が参加し、全国レヴェルのディベート・コンペティションにはクラブメンが多数参加する（『世紀転換期イギリスの人びと』）。

また、ロンドンに多数設けられた、夜間民衆学校にも、説話術のクラスがある。そこでは、いろいろな職業の男女が集まり、指導教師を中心にして、説話術の稽古（けいこ）に1時間半くらいを費やしている（松浦嘉一『英国を視る』）。

《アメリカの社会人》

アメリカでは、トーストマスターズ・クラブ（toastmaster's club）と呼ばれるクラブが各地にあり、誰でもそこへ自由に参加して、自分の好きなテーマでスピーチする機会が持てる。スピーチを終えた時点で、聴衆として聞いた仲間に批判してもらい、分かりにくい点を直し、効果的な演説の方法を学んでいくのだ、そうである（小川和久、佐々木良昭、川瀬勝『脆弱性』）。

《アメリカの軍隊》

アメリカでは、アナポリスの海軍兵学校でも、スピーチや説得力の授業があるとのこと。軍人と言えども、いや軍人であるからこそ、部下や上司に、あるいは軍部外の人たちに対して、自分の考えを効果的に伝える能力は、絶対不可欠だという（松山幸雄『イメージ・アップ』）。

(2) 欧米の公民教育

アメリカの有権者教育

松山幸雄によると、アメリカの大学教育の根本的改革を提唱し、またみずからの大学で実行している有名な大学教授が、「大学卒業者の条件」として次のことを提唱しているという。すなわち、①個性的であること、②物事に批判力を持つこと、③立派な国語でその思想を表現できること、④倫理、道徳の問題について深刻に考えた経験を持つことである（松山幸雄『しっかりせよ、自由主義』）。

ここから言えることとは、大学卒業者の条件と、良き市民、良き有権者の条件とは、ほぼ重なるということである。正確には、④の「倫理、道徳の問題」を、「政治、経済の問題」に変更するだけで、その条件となる。それであれば、アメリカの大学卒業者は国民の半分以上なので、それだけで、アメリカの良き市民、有権者となっている、とも言える。

上記は理念上の考えであったが、実際問題として、アメリカでは、幼児教育から高等教育にかけて、良き市民教育、良き有権者教育が行われている。日本ではこの辺のところの情報伝達、周知徹底などはほとんど行われていず、日本では知られていない分野であった。約20年前になるが、アメリカでの事情をいち早く知らせてくれたのは、横江公美『判断力はどうすれば身につくのか』であった。

ここでは、同書の報告を元に、アメリカの事情を見ていくことにする。アメリカではこうした活動を「有権者教育」(civic education) として捉えている。その活動の目的は民主社会を成熟させることである。ここでは有権者が、ときの政治、経済問題の争点について、立場の違いと論点を認識し、自分はどちらの側に立つべきか、の判断力を養うこと、そして選挙のときには、棄権することなく、どちらかの候補者に投票すること、を促すことである。つまり「成熟した有権者」を作り出すことである。

アメリカの「成熟した有権者」像

アメリカにおいて、理想的な民主政治を目指す意味にも、理想的な有権者像はどのように捉えられているのであろうか。横江公美が報告するアメリカの「成熟した有権者」は次のようなものである。

①投票や政治的活動に積極的に参加する。
②建国について関心が高く、政治過程や公的機関の活動（議会、政府、司法）に対する関心も高い。他国の政治問題にも。
③多様性を認め、人として享受すべき自由についての関心が高い。
④現在の問題を分析し、争点を判断できる。
⑤陪審員などの義務も積極的に遂行する。議論を重ね、意見を調整し、合意に至らしめる技術を身につけている。
⑥公共分野、⑦連邦政府、地方政府（横江公美『判断力はどうすれば身につくのか』）。

「有権者教育センター」の活動

その活動を行う主体としては、「有権者教育センター」（Center for Civic Education）がある。これは議会や政府から予算援助を受けて、活動を行う非営利団体である。この団体は学校で行う「有権者教育」のテキストを作っている。各学校では、このテキストを元に授業を行う。

このテキストを貫く三大方針は次のとおりである。

①民主政治の原則

②民主政治の知識＝歴史、憲法、立法過程、行政、司法、選挙
③民主政治の技術＝討論、交渉、企画書、イベント、組織作り、陳情

この方針のもと、実際のテキストの構成は次のとおりである。すなわち、①政府とは、②建国の政府観は何に起因するのか、③フィラデルフィア大陸会議とは、④政府を作る過程で憲法はどんな役割を果たしたのか、⑤憲法はどのように個人の基本的人権を保障するのか、⑥有権者が果たすべき責任とは、⑦公正な判断を行うためには、である。

それ以外にも、有権者の自覚を起し、投票率を高めるために、さまざまな工夫やアイディアや行動がなされている。大統領選挙がある度に、投票権を持たない「有権者予備軍」（児童、生徒、学生）にも模擬投票をさせることとか、投票の怖さを教える専用の教材を学ばせるとか、選挙の度ごとに家庭内でそのことについて話し合うように勧めるとか、である。

立法、司法、行政での模擬体験

究極の方法は、有権者と有権者予備軍とに、立法、司法、行政の三面で、疑似体験させること（模擬議会、模擬裁判など）であり、それぞれ人気があるとのこと。この場合の有権者予備軍とは高校生以上が主体だが、それより下の生徒などが参加する場合もある。その典型的な例としては、現役の大統領が小学校を訪れ、小学生からの質問に答えることである。その他、有

力省庁が子供用のネットサイトを用意している。

高校生以上の活発な具体例としては、プリンストン大学の学生クラブ「モデル・コングレス」による、高校生１０００人余を集めての「模擬議会」がある。参加する高校生は４日間、連邦議員としての仕事をする。そのために自分が１カ月以上かけて法案を用意し、委員会で演説するとともに、他人提案の法案について意見を戦わせ、賛成または反対の票を入れる。

このプリンストンの「模擬議会」では、ほとんどは議員として参加するが、30人は大統領と閣僚の役をする。そのために初日に大統領の選出を行う。事前に氏名された３人が大統領候補者として、半日間で選挙運動（スピーチなど）を行い、全員で選挙を行う。大統領と閣僚になった者は議会で通過した法律をチェックして、ある場合には拒否権を発動する。まさに本番さながらである。

このようなアメリカの有権者教育は世界最先端を行くものである。現在ここまで徹底的に有権者教育をしているところはアメリカをおいて他にはない。当然のごとくそれに習おうとする国は現れる。イギリス、ドイツはこのシステムを導入しているし、他の欧米の国々も導入しているか、導入しつつある、と言える（以上、横江公美『判断力はどうすれば身につくのか』）。

スウェーデンの主権者教育

スウェーデンの主権者教育のための小学校社会科教科書翻訳版（『スウェーデンの小学校社会科の教科書を読む』）によれば、その教科書は全6章から成っていて、各章は①「社会」、②「メディア」、③「個人と集団」、④「経済」、⑤「政治」、⑥「法律と権利」となっている。

⑥「法律と権利」では「法律や規則は変わる」ということが書かれている。社会情勢や環境の変化に応じて、歴史の進展に応じて、法律などは変わっていく、ということであり、憲法もそうである。現に欧米の憲法は戦後をとっても、アメリカ6回、フランス27回、ドイツ58回、イタリア15回、カナダ16回、オーストラリア5回のごとし。戦後一度も変わっていない日本が異常なのである。

「法律や規則は変わる」ということは、法律や規則がおかしいと思えば、我々が主体となって、法律や規則を変えねばならない、ということを言っている。そのためには、「あなたも影響を与えることができる」「友人や親類から、署名による支援を集めよう」「人々を集めてデモを行おう」「責任者の政治家に、直接連絡を取ろう」という言葉までである。

我々が主体となって変えるということは、その主体は我々であり、我々は民主社会の構成員の主体たらねばならない、ということである。民主政治を構成する成員としての自覚が覚醒される。

アメリカの立法学教育

ケント・ギルバートの複数の本によると、アメリカの大学の法学部では、法解釈学よりも、法立法学の方が主流である。ここではどうやって法律を作成するのか、その技法を学ぶ。であるから、アメリカの大学法学部を卒業した議員は、独力で法案を作成ことができる。これがアメリカでの議員立法の多さの要因の一つになっている（第２章第２節参照）。

第３節　日本型の問題点

(1) 議論教育の要

日本の議論教育の現実

議論教育については、極一部の小中高校においては、独自の取り組みとして行われているかもしれないが、一般的には正規のカリキュラム上そういうことはありえない。議論教育に関しては、ほぼまったくと言ってもよいほどに行われていない。

明治以降、欧米視察した者や欧米留学した者などが中心となって、日本独自の学校教育の制度を作ってきたわけだが、未だに欧米の教育制度の中から導入、輸入していないものがある。

それが議論教育である。それには十九世紀後半では、欧米においてはまだ議論教育が十分開花していなかったこともあるが、上記ハーバード大学での議論教育のところで確認したごとく、十七世紀後半から議論教育を開始しているのであるから、分かりそうなものである。

議論教育の素地は小学校くらいから開始すべきであるが、人間の発達上一番身につけるべき時期は大学教育のときである。その大学教育において、日本においては議論教育はそのかけらすらも見えない。明治以来伝統の、教授が学生に一方的に知識伝達する講義という形態が主流を形成していた。そのことを指しているのであろう。アメリカのある日本学者は言っている。「日本の小学校教育は優れており、賞賛に値する。しかし、大学レヴェルになると、これは世界でも最悪なものだ」。

日本は議論教育をなぜしないのか

明治以降の日本の学校制度の中で、なぜ議論教育が採り入られなかったのか。その第一の理由は、上記のとおり、先進国の欧米諸国と後進国の日本との差は、科学を中心とした知識の差にあると確信（誤解）したからであった。そのために科学、技術、その関連の知識が最重要課題となり、その知識の伝達と増大が大学での最重要課題となったからであった。ここから講義方式が定着した。

もう一つの理由としては、国民性に由来する。日本は大陸の社会とは違って、他民族が度々攻めてきて支配されたりしたりとかの経験がほとんどないので、国民が均質でまとまってきた。したがって、他人とのコミュニケーションも、議論など特別なことをしなくても、ツーカーと言うだけで意志疎通する、珍しい環境であった。演説（スピーチ）も議論（ディベート）も必要なかった。その結果、演説法、議論法も発達しなかった。こういう状態で江戸時代末まで来たので、明治の新しい教育制度においても、演説法、議論法を導入する必要性を皆目感じていなかったのである。欧米と日本とのコミュニケーション環境の差については、『弁論術の復興』『「敵対型文明」と「温和型文明」』『文明と野蛮が交差するとき』参照。

日本の議論教育なしの影響

このような議論教育なしの学校教育で育った日本人は、国内ではなんら問題ないものの、海外、特に欧米へ出かけるとなると、いろいろ問題を起すことになる。

日本ではディベート教育が行われていないために、日本の高校を出てアメリカの大学に留学した者が、一番当惑したと異口同音に言うには、議論となって、君の意見は何か、と問われて即答えられないことである。日本でそういう教育を受けてこなかったから当然のことである。そして日本人の評価を落とすことになる。

現代においても、これらを証するような光景に出会うことがある。テレビ報道によると、COP26での岸田首相はほとんど原稿を見ていて、前をほとんど見ていない。これでは聴衆の賛同を得ることはできない。言うことが頭に入っていない人の演説なんて、人は信用しない。日頃考えていないことを、（官僚が書いた原稿を読んで、）そのときだけ言っているのだろう、と勘ぐられてしまう。

それに対して、会場外でのデモ隊の中、グレタ・トゥンベリー女史は原稿を片手に持ってはいるが、それをほとんど見ず、群衆に語りかけている。これが聴衆を説得・獲得するコツである。信念に基づいて、自己の本心を語っている、そういう人の話は信用に値する、こういうことになる。ディベート訓練をすれば、誰でもグレタ・トゥンベリー女史のように話すことできるようになる（グレタ・トゥンベリーの行動が是か非かは別として）。

議論と人格の区別できない

日本人は議論教育を受けていない。それで、まったく議論できないかというと、そうでもない。極少数者は議論するが、その仕方が欧米流ではなく、日本流なのだ。日本人はディベートの習慣がなく、議論に慣れていないので、ともすれば議論と人物を一緒に捉え、議論で少しでもやっつけられれば、その人物をも憎らしく思いがちである（やっつければ相手に勝ったと思い込む）。だからこそ議論を避けようとする。日本人は議論の勝ち負けに拘る。

欧米流に解すれば、議論と人格は別物で、分けて考えねばならない。議論では丁々発止で渡り合うが、議論が終われば、お互い仲良くする。議論の勝ち負けには拘泥しない。議論を戦わせた中身が問題で、そこから自分の得るものがあれば、それで良しとする。議論の勝ち負けには拘らない。

この辺のところを突いた欧米人の発言に次がある。「日本人には理屈と感情とが複雑に混じっている。どんな合理的な問題を合理的に考えても、考えや考えの出し方に必ず常に感情が出てくる。すでに合理的にお互いに理解し合ったはずのものも、両方が感情的になり、理屈を通り越した感情のために合理的な解決ができない」（田崎清忠『英会話のすすめ（下）』）。

ディベート要素なしの弊害

日本人はそのようにディベート教育を受けていないので、ディベート教育を受けていれば当然しないようなことをしてしまう。「はじめに」における「ディベート要素とその効果」との対比で言えば、次のとおりである。

①データやワラントを示さず、クレームのみを繰り返し、連呼する。例えば、土井たか子の「ダメなものはダメ」という言い回し。なぜダメなのかの説明がない。有名な政治家もこれを

多用している。なぜなら日本の有権者相手の演説ではある程度有効だからである。日本の選挙運動には有効かもしれないが、国際的にはまったく相手にされないことが分かっていない。

②データとワラントをもって、クレームが正しいことを証明するのは、ロジックであるにもかかわらず、そのロジックにはほど遠い、あるいは明らかな非ロジックなる理屈、つまり屁理屈や詭弁をもって示そうとする。学者においても、非専門の分野ではこの誤りを犯しやすい。議論においては、ロジックを常に使わねばならない、と言う意識が弱いからである。

③データを示すが、そのデータがクレームを支えるには不適切なものである場合が多い。自己のクレームに都合の良いデータのみを集める傾向が強い。都合の悪いデータをネグレクトしてしまう。データを客観化して見ようという視点が足りない。都合の悪いデータが出てきたら、それらを合わせてもう一度問題を考える姿勢が足りない。同様にワラントにおいても、不適切なものが多い。データやワラントがクレームを支えるという意識が弱いからである。

④データやワラントを示す場合、有名学者や有名人の説を無造作に持ち出してくるが、十分にそれらの説を検討していないために、不適切なものである場合が多い。

日本人の議論性行・行動性向

ここで、日本人の議論性行・特徴をまとめると、次のようになる。

①状況を先に述べて、結論を後に述べる。
②定義は意識されないか、されても曖昧である。イエスとノーのどちらでもないことが多い。
③勝ち負けに拘る。議論と人間の切り離しができず、ヒートすれば喧嘩(けんか)になる。
④知的対決を避ける。論理的に考えない。論理的な説明をしない。ロジカル・シンキングができない。フィーリングで判断する。あるいは屁理屈、詭弁をこね回す。
⑤客観的にものを見ない。
⑥意見と事実の区別がない。

上記はある程度議論をしようとする者の平均特徴であったが、そうした議論の苦手な者はどうするか。そうした者の行動性向・特徴は次のごとくである。
①相手の意見を批判するのに、相手の議論を分析することなしに、「観念論だ」「ネトウヨだ」と結論づけ（レッテル貼り）して、それで相手を批判しえた、と思ってしまう。
②何々主義（イデオロギー）が一番だとして、それ以外のものを、十分に検討することもなく、切り捨ててしまう。
③自分の意見に反する考えをする者を敵だと見なして、それらの者と議論して分かり合おうとはせず、相手を社会的に不利になるような行動を起す。議論には議論で対応すべきであるにもかかわらず、そうしようとはせず、行動で対応しようとする。

欧米人から見れば

これらを踏まえて、日本人の議論性向は欧米人から見れば、どのように見られているのであろうか。意見を言えない、議論ができないということは、欧米では一人前とは見られない。体的には大人だが、精神的には大人ではない、我々とまともに付き合う相手ではない、と見なされる。アメリカ社会に長くいた松山幸雄は述べる。「国際社会で日本の代表選手を見ていて残念に思うのは、大変まじめで頭も良いのに、個人として相手に感銘を与える力がもう一つ不足している、という点です」（松山幸雄『国際対話の時代』）。これは極めて穏健な表現である。

欧米人の厳しい表現の極地はダグラス・マッカーサーの次の言葉である。すなわち、「日本人は精神的に12歳の少年である」。現代においても知日派アメリカ人のケント・ギルバートは言う。「日本人の議論は欧米の小学生以下」（『日本人の傾向と対策』）。日本にいる欧米人は日本人に面と向かってこのようなことを言わないが、内心はこのように思っているだろう、と心得ておいた方がよいだろう。

日本の議論教育提案

欧米人から上記のように思われないためにも、欧米人と対等に議論できるように、日本人に対しても議論教育が必要なのである。それにディベート教育によって、理詰めで考え、合理的考え、判断力が鍛えられるので、公民として日本の政治、経済を考えるうえにも、大いにプラスとなることは請け合いである。

高校の中でディベートの授業があって、その中で次のような論題を採り上げれば、高校生の政治への関心は高まるまずである。例えば、「中国が力ずくで台湾を獲得しようとしているが、それは許されるか」「日本も中国のジェノサイド批難決議をすべきだ」「コロナワクチン接種を公務員に義務化すべきか」「凶悪犯罪が多くなっているのは社会が悪いからなのか」「原子力発電は即停止すべきか」「これから化石燃料を使ってはいけないのか」「気候温暖化防止の強力な国際協定を締結すべきである」など。国際化が著しい昨今、日本人へのディベート教育は急務である。

（2）公民教育も要

日本の公民教育なしの意味と影響

まず最初に語句に触れなければならない。日本の学校教育で、「公民」という科目があるが、これは政治、経済についての知識を与える科目であって、ここで言う公民教育の科目ではない。公民教育とはアメリカの例（第２節（２）参照）で見たごとく、有権者教育のことである。

日本の正規の学校教育で公民教育がなされていることはない。正規のカリキュラムにも挙がっていない。わずかに公民教育を研究している大学人が、教育者組織や自治体のセミナーなどで、公民教育について講演している程度であって、教育界や生徒、学生に影響を与えていることはほとんどない。

議論教育と公民教育は民主政治を守る二つの精神的基盤である。民主政治というのは、民主政治を運営できる意識ある公民によって成り立っているのである。そういう意識ある公民を、欧米先進国では学校教育の中で育て上げているのである。日本ではその観点が皆目ないのが実情である。日本は民主政治を導入したと言っても、この基礎的なことを見落としていたのである。戦後、日本はアメリカから民主政治を学ぶが、その民主政治のバックグランドたる議論教育と公民教育のことを学ぶことまでしなかった。これでは、衆愚政治にまっしぐらとなってしまう。

日本の高等学校では、上記の状況なので、18歳で政治に関心ない、というのは当然のごとく生ずるわけである。日本の18歳が欧米の18歳に比べて劣っているのではない。学校教育の差である。学校で上記の議論教育や公民教育をしないのであれば、政治的レヴェルが低いままであるから、参政権年齢を20歳から18歳に下げる必要はないのである。参政権年齢を引き上げるのであれば、小中学校から議論教育、公民教育を行うべきなのである。

日本の法律学は法解釈学が主流

日本の法学部での主流は法解釈学である。現行施行の法律の条文を解釈するわけである。どうやって法案を立案すべきかという立法学を学ばない。立法学はまったく顧みられていない。したがって、日本の法学部を卒業した議員は自ら単独では法案を作成することができない。このことが日本での議員立法の少なさを示す要因の大きなものとして挙げられる（第２章第３節参照）。

第7章　衆愚政治にならないために

第1節　バブル崩壊から考える

バブル崩壊で果たした官僚の罪

この問題を小室直樹『日本人のための憲法原論』をもとに確認していくことにする。バブル崩壊は官僚の出した一編の通知から始まった。大蔵省のエリート官僚（銀行局長）が、銀行に対して、土地を担保とした融資を控えるように、との「総量規制」を出した。それを受けて日本中の銀行が土地関係の融資を引き締めた。この総量規制通達は「法律に基づいて出されたものでもなければ、総理大臣の指示によるものでもない」。その結果、「国民の富は吹き飛び、経済は今なお立ち直れないほどのダメージを受けた」。

ここで明らかになったのが、「『経済のプロ』と思われていた大蔵省の高級官僚たちが、実はちっとも経済のことが分かっていなかった、という事実」であった。小室はそこに官僚には「金儲けをする奴は悪党である」というセンスしかなかった、とする。他説には国民が容易に不動産を買えないくらいに不動産価格が高騰しているのは、良くないので、一般国民が容易に不動産を買えるようにした、とする左翼的思考を指摘する者もいる。ともかくも大蔵官僚たちには、「近代精神のかけらもなかった」。

バブル崩壊とその後の過程を経済学的に分析すれば、次のようになる。①不動産売買を抑制するために、政府当局者が不動産向けの融資を規制した。②土地所有者が土地を手放すように、政府当局者が所有している土地に税金をかけた。③お金を借りれないようにするために、日本銀行が金利引き上げを行った。それを同時に大々的に行ったがために、一遍にバブルは崩壊した。ここから分かるのは、一度に多くの大変革をするのは良くない、ということであるが、後の祭りである。

「依法官僚」なのに「家産官僚」の精神

なぜ日本の官僚が、「日本官僚最大の罪」と言われるバブル崩壊を引き起こしたのか。「近代精神のかけらもなかった」からだが、その説明には、人類史における官僚制の歴史を繙(ひもと)かなければならない。中国における官僚制は別として、西洋における官僚制は近代の絶対王政の誕生とともに成立した。この頃の官僚制はマックス・ヴェーバーによれば「家産官僚制」（patrimonial bureaucracy）と呼ばれるものであり、人民も土地も官僚も「家産」である。小室直樹によれば、その官僚の特徴は「王様の私的な召使いでありながら、外面的には役人という公的な仕事を行っている、いわば矛盾した存在」であり、「その矛盾した性格ゆえに彼等には、公私の区別がない」。

時代は下って、十九世紀以降の「依法官僚」(law-abiding bureaucracy)になる。ここでは、官僚は「法律の実行マシーン」である。にもかかわらず、日本の明治以降の官僚には、「家産官僚」の精神が残っていて、その端的な現れの一つは税金についての考え方である。「国民から巻き上げたカネは国家のもののようでもあり、王様のもののようでもあり、自分のもののようでもある」。つまり「公のカネと自分のカネの区別がない」。

もう一つの現れは産業や経済についての考え方である。「公のものは俺のもの」で、公私の区別がないので、日本経済全体を「自分の所有物であるかのごとく錯覚している」。その典型例が「護送船団方式」と言われた銀行行政であった。であるからして、「銀行の経営権を実質的に握っているのは、株主でもなければ、経営者でもない。大蔵省の役人」であった。

失敗の検証

バブル崩壊後、日本は長い停滞の時期に入る。その間に、急成長する中国はGDPにおいても軽く日本を抜き去ることになった。そしてあれよあれよと30年が過ぎた。「空白の30年」「失われた30年」が日本を覆った。それほどの長期不況であれば、どこかの段階で、国を挙げてその原因究明追求と回復策立案すべきであるが、驚くなかれその動きを見せるものはいなかった。政界、官界、財界、労働界、学界のいずれにおいても。温和型文明においては、危機意識は弱いからである。

こうした状況に陥った場合、敵対型文明の欧米においては、対応は早いし、的確である。アメリカでは戦後幾度の危機に見舞われた。ソ連との宇宙開発競争で敗れたとき、日本との経済戦争に敗れたとき、サブプライム問題が発覚したときなど、その都度官民一体で原因究明し、その対策までも考案し、大報告書を作成し、二度と同じ過ちを犯すことなく、その度ごとに立ち上がってきたのである。日本ではこういった伝統は皆無である。

バブル崩壊の原因に最初に向き合ったのは、野口悠紀雄『平成はなぜ失敗したのか』（２０１９年）だったろう。いわば学界からであった。しかも30年後のことであった。発生源たる大蔵省の後継の財務省、通産省の後継の経産省などからは、原因究明やその報告が発せられることはなかった。

官僚に対する処罰？

もしもこのような大事件を引き起したのが政治家であったならば、当の人物は当の官職などを辞すべきだし、本人がその動きを見せなければ、社会的圧力がかかって、辞めざるをえなくなるだろう。しかし、官僚は政治家とは違うので、そうはいかない。

バブル崩壊という日本最大の罪を犯した官僚または大蔵省はどのように処罰されるべきなのか。官僚の特性からして、みずからの失敗を論って、その分析を公表することはできないであろう。官僚の人事考課で失敗のあった官僚に罰点をつけることはあるが、バブル崩壊の一通達はいわば大蔵省全体の総意であったろうから、省員全員に罰点はつけないだろう。

そうであるとすれば、ここから得た教訓を以降の日本に活かすようにせねばなるまい。大蔵省＝財務省にいる官僚のほとんどは法学部出身者であるが、彼等は経済や財政のことは分かっていなかった。そういう意味では、今後は経済学部出身者や数学科出身者が必要であろう。

財務省についてもそうだが、外務省においても、官僚による失敗がもとで日本が大損害を受けることも多かった。例えば、第3章第3節の中、「日本外交の残念なる結果」で挙げた事例がそうである。

これらの事項の担当者は現実には、国益にマイナスを与えた張本人として処罰は科されていない。それどころか、官僚道の王道に乗っていたので、栄達している人もいるのである。これらから、官僚に対する処罰はいかにあるべきか、国民としては大きな課題として考えるべきだろう。

第２節　首相官邸による官僚人事から考える

官僚主導から政治主導へ

上記で見たように、今の日本を実質支配しているのは、政治家ではなく、官僚であることは、従来から言われていたが、それを変えようと政治家たちが動き出した。「官僚主導ではなく、政治家主導で行くべきだ」「官僚主導から政治主導へ」というわけである。これは戦後50年間、官僚にいつもいいように遇(あしら)われているので、政治家として恥ずかしくないのか、と政界の内外から湧き上がる批判を受けたものと思われる。

それはともかくとして、「官僚主導から政治主導へ」が政治家において本格化したのは、二十一世紀になってからであった。まず09年の民主党政権でそれを合い言葉にしたが、結果は実らずであった。そして、民主党政権崩壊の後、政権の座にカムバックした自民党政権はそのことを実行に移した。安倍内閣は以前に改正された国家公務員法に基づき、官邸内に内閣人事局を設置し、ここで各省庁のトップ人事、つまり審議官以上約６００人の人事を一括行うことにしたのである。

それ以前は、第2章第3節（2）の中、「日本官僚の特性」での③「入省年次が序列基準」の原則がほぼ貫かれていたのである。具体的には、各省庁が自分の省庁のトップ人事を決定していた。その実態は、政治家のうちのその省庁の関係者（族議員）や官僚ＯＢなどが意見を言い、それを元に官僚トップが所轄大臣にリストを提出し、大臣が承認するやり方が多かったようである。

官邸主導官僚人事を行えば

今回の高級官僚人事の変更によって、どうなるであろうか。この制度の長所は首相のリーダーシップがより強力になることであり、それによって首相主導の政策を実施しやすくなることである。アメリカでは、大統領が変わる度に、大統領や所属党によって任命された者が高級官僚を形成し、大統領行政がしやすくなるようにしている。同様のことを狙ってのことであろう。

短所としては、次がある。

（a）首相や官房長官の個人的な好みや恣意性によって、高級官僚の運命が左右されることになる。Ａ政権には好かれるが、Ｂ政権では好かれない官僚への影響度は大きい。時期と政権によっては、左遷させられたり、辞職に追い込まれたりする。高級官僚にとっては、「無情」「不条理」を感じることになる。

（b）国家のことを思って、現政権の政策と異なる政策を、大臣や首相に意見具申すれば、それに賛成しない大臣（首相、官房長官など）によってその官僚は左遷されてしまう。こうなっては、グッドアイディアを量産する種類の官僚のやる気を損ねることになる。さらには、昔官僚は「省益優先」であったが、この制度では「自己保身優先」になってしまう。これでは「国益優先」なんて夢の夢となる。

（ｃ）「昇格を人質に捕られた」高級官僚が、首相（首相官邸）の顔色を窺う（官邸に忖度する）傾向が強くなる。

（ｄ）首相官邸に抑えられて、高級官僚の主導権が握れないとなると、高級官僚になることの魅力が薄れ、成り手が集まらず、優秀な官僚集団が崩れる可能性も出てくる。これらの弊害によって、その後の官僚回りの問題として、官僚の成り手が少なくなっているのである。高級官僚の養成機関として名高いのは東京大学であり、事実として高級官僚の半数以上は東京大学出身者であった。それが２０１０年代後半から、異変が起っている。東京大学卒業者で官僚になる人は大幅に減っているのである。

最新の統計では、本来ならば官僚になったであろう、東京大学法学部卒業者の半数は、外資系のコンサルタント会社に就職している、と言う。これは明らかに官邸主導の官僚人事に嫌気がさしてのことであろう。その他の要因として、次が考えられる。すなわち、（ａ）バカな政治家のための答弁原稿を徹夜または長時間労働でしなければならないこと、（ｂ）天下りが原則禁止され、高収入や生涯にわたっての生活保障されなくなったことに加えて、（c）首相官邸による高級官僚人事が行われていること、などが主たる理由であろう。

本来高級官僚になろうという人たちは、自分たちで日本を動かしていこう、という気概を持った人たちであった。そういう人たちが減ってきているのである。日本最大の頭脳を輩出する東京大学において、こういう現象が起きているのは、日本国家にとって最大の危機のはずである。官邸主導官僚人事の結果であることは明瞭である。

無能な政治家と優秀な官僚とのセット支配の現実

上記の考えを後押しする一つの解釈がある。それは第3節で問題とする、有名人議員、世襲議員が大勢生まれることは、官僚支配とセットになって、相互に補完し合う立場にある、という考えである。荒和雄による「政治家の世襲化は官僚支配の温床か」である（『よい世襲・悪い世襲』）。これによれば、有名人議員、世襲議員が大幅増加することによって、政治家の質は低下する。そのマイナス面を盤石の官僚支配が補う。逆に言えば、官僚支配が岩盤であるがゆえに、政治家の質はある程度悪くても、日本全体としては大丈夫、ということになる。

安倍首相と菅首相が勘違いしたのは、「官僚主導から政治主導へ」を実現するには、官邸主導の官僚人事を行えば良い、と判断したことであった。これを実施したことの最大の弊害は、日本の優秀な官僚制度を壊してしまったことである。現存の官僚制度を弱体化し、優秀な人材を官庁から除外してしまった。

この勘違いは「官僚主導から政治主導へ」を大前提に考えてしまったことにある。「官僚主導から政治主導へ」が果たして必要なのか、官僚主導で良いではないか、ということである。日本の優秀な官僚制度があれば、政治家が三流であっても、日本の政治が成り立つである。ちゃんとした政治を見抜く力があれば、これくらいは分かるはずである。

しかし、ここ10年官僚支配は岩盤ではなくなってきたのである。このことは上記で確認したとおりである。これからいけば、官僚支配も岩盤ではない上に、政治家も質の低下が甚だしい、ということになる。まさにゆゆしき事態ではないか。安倍、菅首相は一方で有名人、世襲候補者大幅増加を狙っていたのであれば、官僚人事へ口出しすべきではなかったのである。官僚支配は岩盤ではないので、それに頼れないのであるから、政治家の質の低下を防ぐためには、有名人、世襲候補者の規制をしなければならないことになる。

官僚人事に手を出す愚

果たして高級官僚人事の変更以降、不祥事が多発するのである。森友問題、加計問題、花見問題、検事長任期問題などが起ったのである。これらの事件の背景とか、事件の真相とかは今後個別に究明すべきではあるが、高級官僚の首相官邸への忖度など、が主要因になっていることは間違いがない。

上記の考察から言えば、首相官邸が高級官僚人事に首を突っ込むことは良かったのであろうか。ここで思い出すのが、田中角栄の理念を代弁する早坂茂三の言葉である。すなわち、「彼等（官僚）が一番嫌うのは、位階、序列を無視して、バカな大臣、政治家が自分たちの人事に首を突っ込むことだ。一時的に成功しても、彼は二度と再び、役人の親身な協力は得られない。霞ヶ関一帯に触書が回され、バカはどこに出かけても、面従腹背、サボタージュの霧に包まれて、手も足も出なくなる。一巻の終わりだ」（『駕籠に乗る人担ぐ人』）。つまりこの延長上に、「官僚のなり手がない」が来るわけである。

安倍首相、菅首相はこの愚を犯したのだ。かつては河野一郎もこの愚を犯した。高級官僚人事に手を突っ込むのが愚であれば、政治家が官僚を統制する道はないのだろうか。外交には大きな成果を残した安倍首相ではあったが、高級官僚人事を握れば、官僚を統制できる、と考えたところが短絡的過ぎた。官僚が日本を支配するのは次善の策であり、「民主政治実現のためあること」が達成されない限り、その次善の策で行くべきであった、のである。

政治家と官僚に横たわる最大問題

第１章と第２章で見てきたとおり、現実には政治家が下で、官僚が上である。政治家もそのことは認識していたであろう。ただ、そこからの対応が問題となる。政治家の力量を上げることをしないで、官僚の力を削ぐことを考えたのだ。日本人のよくやりそうなことである。一番簡単な方法である。

２０２０年代になって、官邸主導官僚人事を行えば大きな障害が起り、また元に戻すか、となれば、それもできないであろう。いや元に戻すのは一方策かもしれないが、それよりも抜本的な残された方策があるのである。それは政治家のレヴェルを上げることであり、前に記した「民主政治実現のためあること」を実現することである。それが本書全体で提案している、議論教育、公民教育を行うことである。これによって、国民の質を上げ、引いては政治家の質を上げることになる。そうなれば、原稿棒読み、法案作成丸投げ、などなどはなくなるのである。

第３節　有名人当選から考える

衆愚政治、衆愚社会ということ

有名人候補者、世襲候補者が大幅当選し、有名人議員、世襲議員が大勢生まれることの意味は何であろうか。有名人が選挙で得をするのが現実であることを踏まえ、彼等を擁立する政党にしてみれば、彼等を広告塔にして、できるだけ多くの自党票を獲得したい、という思惑がある。彼等は本来の政治家像からすれば、そのレヴェルに達していないが、票数を獲得する限りで、その政党にとっては価値がある。これからすれば、有名人候補者、世襲候補者も、それを利用する政党指導者も、国民には判断力もなく、容易に有名人候補者、世襲候補者に投票するほど、衆愚大衆になっている、との判断に立っている、ことになる。有名人候補者、世襲候補者が大幅当選するのは、その社会がすでに衆愚社会になっている、ことの証明になっているのである。

「衆愚政治」「衆愚社会」（ochlocracy, mobocracy）とは何か。これには古代における政治学の流れを見ておく必要がある。衆愚政治の最初の使われ方は、プラトンとアリストテレスによる。二人は古代ギリシアの政体の変化の観察から、政体の六分類を導き出している。これは支配者の数と、支配のあり方が遵法（じゅんぽう）か無法か、によって定めるものであり、そのうち（a）民主政治は多数者の支配であって、法の秩序ある政体である。それに対して、（b）衆愚政治は多数者の支配であることは同じでも、無法によるものであり、その政体の呼び名としては「暴民政治」「愚民政治」と当てられることもある。ここでは民衆が各々の私的利益の追求に汲々としており、場合によっては暴動を起すなどして、秩序が保たれず、政体をなしていない。おうおうにして民主政治から衆愚政治へと転化する。

その後ローマ時代のギリシアの歴史家ポリュビオスが自らの歴史書『ローマ史』において、プラトン、アリストテレス理論を踏まえて、政体循環論を展開した。それによると、（a）民主政治が堕落して（b）衆愚政治となり、それがついには（c）君主政治になる、というものである。衆愚政治では強力な民主政治リーダーが現れず、民衆は快楽の中に埋没し、無秩序となり、強力な君主政リーダーによって取って代わられる。このようなことは、ギリシア以外にも、ナポレオン帝国やナチスの台頭も、こういう流れで読むこともできよう。

衆愚政治、衆愚社会の条件

現代においてこれが衆愚政治、衆愚社会という絶対的な定義はないようだ。だが、衆愚政治、衆愚社会と見なしうる指標を設定することはできる。本書では、次の条件を一つでも満たせば、衆愚政治、衆愚社会ということにする。

①**投票率が50％を割る**。このことは国政選挙において言えることであり、都道府県の知事選挙、議員選挙、市町村の首長選挙、議員選挙ではさらに投票率が下がる傾向にある。有権者の半数がその政治に無関心である。

②政党が票を集めるのに、「政策」に訴えるのではなく、動員数と金を期待して、（a）**宗教**

団体と組んだり、（b）有名人や（c）政治家二世を候補者に立てたりする。

③「**ポピュリスト**」（populist）政治家が頻出する。ポピュリストとは歴史上南アメリカの政権を言うが、ここでは以下の思考性向を持つ政治家を言う。すなわち、有権者は愚民で、政策判断力もないと認識したうえで、彼等の歓心を買うべく、言葉巧みに籠絡（ろうらく）して、形の上で彼等を持ち上げて、彼等の支持を得ようとする。ビジョンを持たず、「政策」に訴えるのではなく、国民のことを考えず、自分がただ政治家であり続けようとする。テレビによく出演し、国民に顔を売ることばかりを考えている。

④政権を担う者やそれを狙う者が、政策に訴えるのではなく、（a）「**劇場型政治**」や（b）「**ショック・ドクトリン**」で、有権者の判断力を失わせ、感性でもって自分を好きにさせる方策を用いる。

⑤「**カルト宗教**」が林立する。ここに「カルト宗教」とは、（a）救世主などを名乗るカリスマ的教祖が存在し、（b）マインドコントロールなど心理操作テクニックを駆使し、（c）神秘的、魔術的な儀礼を実践し、（d）多額の献金を強要する。信者は自分の生活が成り立たなくなるまで、献金しようとする。それら信者は教祖の言うとおりに、献金し投票する。

政治家資質の低下とリーダーの条件

有名人議員、世襲議員が大勢生まれることのもう一つ意味は、日本の政治家の資質への悪影響がある。つまり、政治家の力量が全体的に低下する。何よりもディベートのできない、判断力のない政治家が大勢出ることになる。単に有名人であるだけで、議論のできない、政策について検討できない者の存在は国家を危うくする。まさに衆愚社会の政治家に相応しい。国民も衆愚となり、政治家も衆愚の一点となる。

それでは政治家は何のために存在するのか、政治家の役目はそもそも何なのか、どういう資質を備えた者が政治家であるべきなのか、それが大問題として浮かび上がる。この関連で最初に出てくるのが、官僚と政治家の区別の問題である。これに関しては、マックス・ウェーバーの「最高の官僚は最悪の政治家である」という名言がある。官僚と政治家は果たすべき機能が違うので、良き官僚は良き政治家に非ず、良き政治家は良き官僚に非ず、というわけである。小室直樹に言わしめれば、「官僚に政治を行わせるのは、サルに小説を書かせるよりは難しい」（『日本人のための憲法原論』）。

そうであれば、政治家、特に衆愚社会にあっての政治家、はどういう存在であらねばならないのか。考えられるものを挙げてみる。

（a）政策に取り組み、国会論戦すべし

正論としては、政治学者の高坂正堯が言うように、「軍隊は戦わなくては真実に強くはなれないと言われるし、……政治家も同じことで、政策と必死に取り組むことがその体質を良くする」。ここから「国会における論戦を復活させる」べきとする（『かくして政治はよみがえった』）。

（b）**「ビジョンを示せ」**

政策に取り組み、あるべき方向が定まったら、それをビジョンとして、国民に提示すべきである。そしてその方向で国民を指導すべきである。明治維新以降、戦前までは、こういう政治家はいたが、途中から軍部に阻まれた。戦後は池田勇人の「所得倍増計画」、田中角栄の「日本列島改造」、安倍晋三の「アベノミクス」「積極的平和主義」などが有名である。

（c）**国民の生命の保障と生活向上**

このことを明瞭に言っているのは小室直樹である。すわち、「政治家にとって一番大切なことは、国民生活を安定させて、国民に秩序を与えることにある」（『田中角栄の遺言』）。生命の保障のためには、外交と軍事力とで、諸外国から日本に侵攻させないことが基本である。生活向上のためには、安定的な経済成長をさせねばならない。

（d）**危機に対処せよ**

これについても小室直樹は語っている。すなわち、「政治家として一番大切なものは運命をいかに駆使するのか、ということ。予想することのできない激変に、いかに対処するかである、このことこそマキャヴェッリが最も強調することである」(『田中角栄の遺言』)。一般的に、ビジョンを示す政治家やイデオロギー政治家は、こういう危機対応が苦手である。いわゆる「待ちの政治家」は危機に強いはずであるが、それも弱ければ、目も当てられない。そういう政治家を選ぶべきではない。

政治家に求められる資質には、以上の他にも多々あるであろうが、上記が基本的なものであることに反対する人はそう多くはあるまい。衆愚社会での政治勢力である宗教団体政党、有名人として選出された政治家、世襲政治家、ポピュリスト政治家に、そのような資質があるだろうか。

どういう資質を備えた者が政治家であるべきかについては、古今東西、政治家を中心に多くの人が発言してきた。欧米などの敵対型文明での求められるリーダー像と日本の温和型文明で求められるリーダー像については、異なって当然である。前者では個人主義社会なので、そこでのリーダーは一般人よりも議論と戦略において優れていなければならないし、その力で大勢の者を引っ張っていかなくてはならない。後者での集団主義社会では、議論と戦略は必要ではなく、村の村長的な調整者であることが求められる(青木育志『「敵対型文明」と「温和型文明」』)。

良い政治家を作る方法

ではどうすれば我々は良い政治家を得ることができるのであろうか。小室直樹は答える。「良い政治家を作るのは良い国民だ」。それでは、我々は良い政治家を作れるのであろうか。小室直樹の答はノーである。「何しろ、……戦後の日本人は自らデモクラシーを放棄し、憲法を殺してしまった」し、「田中角栄を暗黒裁判にかけたのも、官僚の跳梁跋扈を許したのも結局日本人自身で」ではなかったか、と否定的である。ここに「デモクラシーを放棄し、憲法を殺した」とは過激な表現であるし、何を意味しているかは不明な部分もある。小室直樹の最終解答は「戦後デモクラシーの構造的欠陥」という大問題であり、端的に言うならば、「日本国憲法の構造的欠陥」を解決しない限り望み得ない、とする。

小室直樹は日本国民と政治家を衆愚に成り下がっていると判断し、絶望しているが、最後の対策があるのである。それが本書で提案する「議論のありなしが民主政治の変容を実現させる」であり、つまり日本国民に議論教育と公民教育を行うことなのである。これによって、国民の判断力を上げる。判断力が上がれば、有名人候補者、世襲候補者が当選する比率は低くなる。そして政治家の質も上がる。また、金儲けを目的とした宗教の信者は少なくなる。

有名人候補者、世襲候補者の規制

こういうことから元の問題である、有名人候補者、世襲候補者に対する防衛策としては、有名人候補者、世襲候補者の立候補制限をすることが考えられる。そうすれば各方面から、個人の権利を奪うべきではない、などと批難が殺到するであろう。憲法に規定する職業選択の自由、被選挙権の自由を奪う、と言うのだ。

そこで、そうしたことにも配慮して、現実的規制案としては二つが考えられている。一つは親と同一選挙区からの世襲者の立候補を禁止する。これには公職選挙法の改正が要る。二つは政治資金管理団体の引き継ぎを禁止する。これには政治資金規正法の改正が必要になる。それらはいずれも世襲候補者の規制である。有名人候補者の規制は今のところ、よい案は出されていない。

こうなれば、日本政治の手本のイギリスではどうなっているのか、それを探ってみるのが一番である。イギリスでは、世襲議員はあることはあるが、非常に少ない。そうなることの原因は第5章第2節の中、「候補者選定」から伺える。選挙区ごとに党の「候補者選定委員会」が、応募してきた者の中から、面接（ディベート）試験、演説（スピーチ）試験をして選定していた。つまり有名人であるからとか、現役議員の世襲者であるからとか、で決定していないのである。議員になって相応しいディベート力、スピーチ力を持っているか、で決定しているのである。イギリスの例から分かるとおり、有名人、世襲者であっても、ディベート力、スピーチ力なしの人がほとんどだ、ということである。

それに対して、日本では、候補者に立てて当選するかどうか、を最優先に決定しているのである。有名人や世襲者であれば当選しやすいので、いきおい有名人や世襲者を候補者にすることになる。候補者の資質、技能は二の次である。こうした点を改めていくしかないようである。これに関しては、イギリス方式を見習うべきである。

第4節　選挙権年齢引き下げから考える

今さらこれを問題とする理由

２０１６年６月から、日本では選挙権年齢が満18歳以上に引き下げられたが、これは妥当な判断だったのか、これを検討することによって、日本の抱える問題が見えてくる。そしてこれをもとに、日本に民主政治を根づかせるには何をしなければならないのか、が明らかとなる。

なんでこういうことを言うのか。それはその制度導入後の投票率が、10代、20代、30代ではかなり低い段階にあるからであり、それ以降の世代が有権者になっていく場合、さらにその数字が下がっていくのではないか、と予感させるものだからである。

それでは、その数字に当たっておこう（表5参照）。２０２１年10月に行われた衆議院選挙では、10代の投票率は43・21％、20代のそれは36・50％、30代のそれは47・12％であり、全年代平均の55・93％よりも低い。そしてもう一つのデータ。２０２２年7月に行われた参議院選挙でも、10代の投票率は35・42％、20代のそれは33・99％、30代のそれは44・80％であり、全

表5　最近選挙での年代別投票率

	2021年10月（衆議院選挙）	2022年7月（参議院選挙）
10代	43.21%	35.42%
20代	36.50%	33.99%
30代	47.12%	44.80%
世代平均	55.93%	52.05%

年代平均の52・05％よりもかなり低い。それどころか、二度の選挙とも、10代、20代、30代では、衆愚政治の指標①投票率が50％を割っているのである。ここから分かることは、これらの世代が中堅世代になっていく以降、社会全体の投票率は50％以下になっていく、ということである。未来が恐ろしいとはこのことである。

それを見て、それでは10代、20代に、投票に行くように、もっとPRすべきだ、との意見もあるようだが、それは皮相的な見解と言わなければならない。選挙期間中、若者の低投票率を防ぐためなのか、芸能人の著名人がPR動画を流したりしていたようだ。他方で、選挙のある年に限って、高校3年の公民か社会の科目で、にわか的に選挙とか投票の真似事を教えるようになっているようだが、そんな小手先の動きでは、無関心の生徒を政治に向けさせることは土台無理な話であ

る。

それでは、そのような低投票率しか出ない18歳に、なぜ選挙権付与ということをしたのであろうか。（a）先進欧米諸国では18歳以上から国政に参加させているので、それに合わせたとか、（b）民法などで年齢の引き下げを行ったので、それに合わせてそうした、などの説明があった。それであったとしても、そのときに十分な議論をして決めたのだろうか。日本の特殊事情を考慮して決めたのであろうか。大いに疑問と言わざるを得ない。

欧米で引き下げが可能な理由

上記で、（a）先進欧米諸国では18歳以上から国政に参加させているので、という理由があったが、欧米でのオーケーの理由が日本でもオーケーだとは限らない。その内実を見極めず、単に欧米がしているので日本も、という明治以来の安易な考え方によったものであった。

欧米と日本とでは、学校教育の質、内容が違う。第6章で確認したごとく、欧米の場合、高校までの段階で、議論教育、公民教育をしているので、18歳で参政権を与えても、その生徒は柔軟に即対応できるのだが、日本ではそれがないために、そうはいかないのである。表面だけ見て中身を見ずの馬鹿げた導入判断であった。

もっと具体的に言えば、欧米の学校では、議論教育と公民教育が行われていて、生徒もいつなんどき選挙権を与えれても、公民として行動できるように、鍛えられているのである。その議論教育と公民教育の現実は、第6章第2節で確認したとおりである。こういう教育下で育った若者は、18歳であっても、即に国政についての意見を述べられるし、どの候補者に投票すべきかの意識を十二分に持っている。したがって、投票率も高くなる。

さらには欧米の歴史から考えていく。世界で初めて民主社会を実現した古代ギリシアでは、市民の義務として兵役と納税があり、その引き換えに権利として政治参加が認めらた。その政治参加では弁論術が重視され、どちらの弁論に賛成するかで政策は決せられた。その市民権は青年男性のみで、女性と居留民、奴隷は除外された。

欧米の社会は古代ギリシアの伝統を受け継ぎ、近代になってからは民主社会の条件を洗練させていったのである。その条件とは、政治は弁論で決するのであるから、政治のリーダーになる人も、それを選ぶ一般人も、弁論術、スピーチ、ディベートに通じていなくてはならない、ということである。

そのために、欧米の社会では、小学校から議論教育（弁論術、スピーチ、ディベートなど）の一端を始めるのである。そうしないと、民主社会の成員たる、公民を育てられないのである。

日本での状況とその対策

日本では、こういった民主社会の伝統、議論教育、公民教育は行われていない。温和型文明の日本では、国民間の意志は阿吽(あうん)の呼吸で伝わるので、議論する必要がなく、議論術も発達しなかったからである。だから政治への関心が低いのである。当然、投票率は低くなる。そういう状況で、単に投票へ行け、投票へ行け、というだけでは、政策の判断から候補者を選ぶのではなく、フィーリングやムードから候補者を選ぼうとする。こうすれば、まさに衆愚政治、衆愚社会にまっしぐらである。

2、30年前の世代においても、郵政民営化や新自由主義導入を掲げる小泉純一郎の劇場政治に惑わされて票を投じるくらいに、パフォーマンスやムードに弱いわけであるから、現代の10代、20代はなおさらである。

これからの対策の前提は、第6章第2節で確認したごとく、民主政治の真髄は議論教育と公民教育による公民全員の質の高さによって保持されているのである。それがなければ衆愚政治、愚民民主政治と成り果てるのである。そこが独裁国家や全体主義国家と異なるところである。

ここから言えることは、参政権年齢を18歳に引き下げるとすれば、小中高の学校において、欧米並みの議論教育と公民教育を行うべきなのである。それを行わないとすれば、参政権年齢は20歳のままであるべきだ、引き下げるべきではない、となる。

第５節　ギリシアの弁論術から考える

古代ギリシアの盛衰

ここで世界で初めて民主政治を実現した古代ギリシアはどういう運命を辿ったのか、を探ることは有益である。①古代ギリシアでは、ペルシアとの戦争（ペルシア戦争）の後、ペリクレスのとき、ギリシア民主政治の全盛を迎えたが、②その後アテナイ（アテネ）とスパルタとの覇権争い（ペロポネソス戦争）が生じ、民主政治のアテナイが専制政治のスパルタに敗れることが起り、③その後ギリシア内で覇権はジグザグ推移したものの、ギリシア全土で衆愚政治が蔓延し、ソクラテスの死が実現（衆愚政治の象徴）し、④ついには専制政治のマケドニア（フィリッポス、アレクサンドロス）によって、民主政治のアテナイなどが征服される。これはまさにプラトンやポリュビオスが唱えた政体循環論の正しさを証明している。

これらのギリシア民主政治の推移を概観し、現代の我々はここから何を汲み取らねばならないだろうか。現代においては、スパルタやマケドニアに相当するのがロシアや中国である。そのロシアや中国が衆愚政治の日本を飲み込んでしまわないように、日本としては、外政上は安全保障上いろいろな細工を施すとともに、内政では有権者の質的向上を図っていかなければならない。

ちなみに当時その推移を見たギリシアのインテリたちは民主政治にさっさと見切りをつけてしまった。プラトンやアリストテレスである。プラトンは主著である『国家論』(*Politeia*、ポリティア、*The Republic*)の第8巻において、民主政治批判を展開している。

その概要としては、次のように言えようか。すなわち、民衆は目先の欲望に囚われて、自由気ままに、好き勝手する。つまり快楽に身を委ねる。よって、理性に基づく判断ができない。この結果としては、放縦と無秩序が生まれる。こうなると、無政府状態となり、僭主(独裁者)への要望を生む。「民主政治とは要するに貧乏人の政治である」。「民主政治とはしょせん衆愚政治だ」。この考えはまるで現在日本の、有名人候補者、世襲候補者大幅当選のことを予言しているようでもある。

古代ギリシアの弁論術

プラトンは民衆の適性ばかりを問題にしているようだが、もう一つ目を配らなければならないのは、政治家側の民衆への訴え方、すなわち、スピーチとかディベートとかの弁論術のことである。古代ギリシアは全人類史の中でも最も弁論術が発達した時代であって、民主政治の発達と弁論術の発達とは大いに関係があるのである。そうした弁論術の歴史ということでは、『弁論術の復興』（２００８年）の第2部第2章と『「敵対型文明」と「温和型文明」』（２０２１年）の第3章第1節で詳述しているところである。詳細はそれを見てもらうとして、民主政治と弁論術の関係を振り返るべきであり、それを略述してみる。

《民主政治勃興期》

アテナイの民主政治勃興期は、ペルシア戦争の始まる前からペリクレスの治世の始まりまでである。この時期に弁論術は大いに高まる。アテナイの勃興期には、哲学の中心はイオニア植民地などからアテナイに移り、その関心も自然哲学から社会哲学に変わり、プロタゴラス、ゴルギアスといったソフィスト（Sophist、知恵ある者）たちが現れ、彼等がディベートの祖と言われる。つまり観点を変えれば別の判断が生じるということで、相対主義ではあったが、二つの相対立する側間の討論法を生んだのである。

こうした背景の下、実際政治では、ペルシア戦争において、ディベートが功を奏してペルシア戦争に勝つことになったのである。戦争に勝つには実際は軍事力とその戦略的使い方によるので、その戦略を決定する味方の会議において、ディベートがその戦略を決定し、それで勝ったのである。その端的な例は、第3回ペルシア戦争でのサラミス湾の海戦であった。戦いの前の会議で、アテナイの知将・テミストクレスはアテナイに反感を抱くギリシア諸国の反対を振り切って、その中心であるスパルタのエゥリュビアデスを説得し、大海に出ずに、狭い海峡で戦うことに決したのであった。知将テミストクレスのディベート術がギリシア世界を救ったのであった。

《民主政治全盛期》

ペルシア戦争に勝ったギリシアは、アテナイの指導者ペリクレスの下、アテナイもギリシア全土も繁栄を極めることになる。ここにおいてはペリクレスの指導法が傑出していて、他に並ぶ者はいないので、そこではディベートではなく、スピーチが発達する。民衆に語りかけ、民衆を一定の方向に誘導する。その最高の術がスピーチであった。

ペリクレスは生前50回以上もスピーチを行ったであろうが、そのほとんどは歴史書には載っていない。テミストクレスの発言はヘロドトスの『歴史』に残ったが、ペリクレスの発言はペロポネソス戦争を扱うトゥキュディデスの『戦史』には、わずか三例しか収録されていない。ペリクレスは時代的には『歴史』と『戦史』のちょうど真ん中で活躍した人だったので、仕方のない面がある。

《民主政治衰退期》

絶頂を極めたアテナイであったが、台頭するスパルタがアテナイに戦いを挑み、ペロポネソス戦争が始まり、ペリクレスの死去後、アテナイには有力なリーダーが現れず、迷走を続けることになる。その最たるものは、シケリア（シチリア）遠征を巡るアテナイの民会でのディベートである。全艦隊でもってシケリア遠征を主張する積極派のアルキビアデスと、慎重派のニキアスとのディベートが最大焦点であった。

アルキビアデスは名門の出で、容姿端麗、行動は派手、まるで映画俳優のごとく、アテナイ市民には人気があった。民衆はそんなアルキビアデスを支持し、シケリア遠征が決定される。戦略的に考えて、全艦隊をもってシケリア遠征するとは、スパルタに打撃を与えないばかりか、全艦隊を失うリスク大であり、冒険とでも言える戦略であり、そのことを見抜けないアテナイの民衆は、現代において有名人候補者に投票する人たちと同様、判断力もなく、自らの身を滅ぼすことになる。

ペロポネソス戦争に敗れたアテナイは衰退の一途となり、代わってスパルタが覇権を握るが、その後ギリシアの覇権はテーベ、シュラクサイなどに移り、最終的にマケドニアの覇権となる。そうした流れの中、従来のアテナイやスパルタを中心に、マケドニアに対抗しようと、ギリシア全土に呼びかけたのが、ギリシア最後の雄弁家デモステネスであった。

プルタルコスの『対比列伝』の「デモステネス伝」によると、デモステネス自身は体質として雄弁家に向いていなかったが、世人未踏の努力で乗り越えた、とのことである。トゥキュディデスの『戦史』を8回も書き写し、一字一句を暗記したり、ペリクレスのスピーチを手本にしたりした。ギリシア全土最大の敵マケドニアを倒すべく、全ギリシア国民に訴えたスピーチは火の出るような激烈なものであった。そんなデモステネスをもってしても、プラトンの言う、目先の欲望や快楽に溺れ、自由気まま、好き勝手をする民衆を一つにまとめ、マケドニアに抗することはできなかった。衆愚社会に入ってしまったギリシア社会は再起の施しようがなかった。時代はマケドニアからアレクサンドロスの帝国に進んだのであった。現代日本もこのようにならないように、弁論術（スピーチ、ディベートなど）を中心に国民の質を高めていかなければならない。

第6節　これからの二つの道

第1章から第5章まで、日本政治の現状を分析し、そのタイプ化を行ってきたのであるが、それらを項目化すれば、次のようになろう。

①政治家（無能）＝○官僚作成の原稿で答弁（ディベートは官僚任せ）、○議院立法少ない（立法も官僚任せ）、○ジェネラリストの政治家
②官僚（優秀）＝○政治家の原稿書き、○法律の事前調整（実質官僚が立法者）、○行政指導（実質官僚が行政者）、○官僚の法律解釈（実質官僚が司法者）
③外交（無能）＝外国首脳とディベートできず
④メディア（無能）＝○記者クラブ・ジャーナリズム、○反日ジャーナリズム
⑤選挙（有権者の無能）＝○支持者の集会に行く、○有名人、世襲者が当選する
⑥教育（教育者の無能）＝○議論教育せず、○公民教育せず

これらの現象は、欧米型民主政治からはズレているばかりか、衆愚政治にまっしぐらであり、有権者の政治的関心がないことを良いことに、有権者の無能をそのまま放置し、自らの党の支配だけを確保しようとする、自分勝手な思惑によるものである。この方向の中では、官僚が実質支配者であるのが気に食わないのか、その勢力を削ぐべく、官邸による官僚人事に動いているが、これでは官僚の力を落とし、国民の力を上げることをしていないので、日本の没落を早めるばかりである。

これが日本の民主政治の実態であるが、それらをどのように評価し、どのように変革すべきかについては、概ね三通りの立場がある。

（a）現実の制度を民主政治の理想とは見なさないが、運用可能なので、そのまま運用しようとする。多くの政治家と多くの有権者がこの立場にある。

（b）現実の制度は民主政治の理想とはほど遠いもので、変革しようにも変革できず、現実政治に絶望している。数少ない論者がこの立場に立っている。例えば、勝田吉太郎、呉智英、佐伯啓思、木崎喜代治、西部邁など。

（c）現実の制度は民主政治の理想とはほど遠いものであるが、欧米の民主政治と日本の民主政治の比較検討によって、その変革の方策は見つかる、とする。本書の立場である。

（a）と（b）の違いは何なのか。政治家の無能、有権者の無能を認めることでは、両者同一である。その違いは次のとおりである。（a）の現状肯定論者は、制度としての民主政治がたとえ衆愚政治であったとしても、十分ワークするし、このまま続ければ良い、と考えるのに対して、（b）の論者は民主政治とは実質衆愚政治であって、実質衆愚政治でないものに変革できないとして、制度としての民主政治がワークすることに絶望している、と言えようか。

それでは、（b）の絶望に陥らずに、変革する方法はないのか。それは確実にある。その道とは欧米民主政治の原点に立ち返ることである。つまり第6章で考察した、議論教育、公民教育を導入して、有権者の力を高める道である。これによって、有名人、世襲者が当選するのは稀となり、政治家にも有能の人が出て、外国首脳とディベートできるようになる。それにプラ

表６　従来どおりの道と変革の道

	従来どおりの道 （大多数の立場、ａ）	変革の道 （本書の立場、ｃ）
①政治家	官僚作成の原稿で答弁する 議院立法少ない ジェネラリストの政治家多い	自らの力で答弁する 議院立法多くなる スペシャリストの政治家も出てくる
②官僚	政治家の原稿書きする 法律の事前調整する 行政指導する 官僚も法律解釈する	政治家の原稿書きなくなる 法律の事前調整する？ 行政指導する？ 官僚は法律解釈しない？
③外交	外国首脳とディベートできず	外国首脳とディベートできる
④メディア	記者クラブ・ジャーナリズム 反日ジャーナリズム	（①、②、③に及ぶ） ⇧
⑤選挙	支持者の集会に行く 有名人、世襲者が当選する	非支持者の集会にも行く、候補者に質問する 有名人、世襲者が当選するのは稀となる ⇧
⑥教育	議論教育せず 公民教育せず	議論教育する 公民教育する
前　提	「無能な政治家」「有能な官僚」「衆愚な国民」を前提とする	「有能な政治家」「有能な官僚」「衆愚でない国民」を前提とする
問　題	官邸による高級官僚人事の導入によって、「有能な官僚」が崩れつつある。	

スするに、政治家が自力で答弁できるようにするためには、参議院での説明義務をなくすとかの立法的措置も必要である。この方法が、危機的状況の中で、日本の没落を止め、興隆を図る手立てとも成るものである。それが（c）の道である。

従来どおり衆愚政治のままで良い（aの立場）のか、変革の道を採る（cの立場）のか、有権者と政治家は判断を迫られている。（b）の立場を捨象するとして、（a）（c）両方の概要を表6にまとめることにする。変革の道の場合、まず教育を改革し、それが選挙に功を奏し、やがて政治家、外交に及ぶことになる。

あとがき

本書は東西比較文明論の書であるとともに、現代日本政治の分析、提案の書でもある。東西比較文明論ということでは、『日本道徳の構造』（２０１９年）、『「敵対型文明」と「温和型文明」』（２０２１年）、『文明と野蛮が交錯するとき』（２０２２年）に続いて四作目である。第一作は比較座標を示して主として日本の道徳面のみを対象したが、第二作、第三作においては、経済、政治、文化の三分野における総合的比較を行い、今度の第四作においては、政治面に限って比較を行った。

政治に関する著作としては、今まで『自由主義とは何か』（２００４年）、『「新自由主義」をぶっ壊す』（２０１０年）の二著を出してきたが、これらは政治思想についてのものであり、政治現象全般については初めての書となる。とは言っても、私はもともと政治学専攻なので、そう不得意な分野ではない。

本書の分析の糸は「議論の仕方」である。「敵対型文明」においては、敵対者や異人種に囲まれて、スピーチ、ディベートなどの議論が発達するが、「温和型文明」では、それが発達する契機がないので発達しない。こういったテーマで、『弁論術の復興』（2008年）を初めて上梓したが、それは上記の第二作、第三作にも引き継がれている。

本書において、欧米型の民主政治と日本型の民主政治を対置したわけだが、その核をスピーチ、ディベートなどの議論の活性化と教育に置いたのである。前者においては、スピーチ、ディベートの活性化と教育が行われているが、後者においてはそれが行われていない。それがため、前者においては、民主政治は揺らぎないものとなるのに対して、後者においては民主政治は揺らぎ始めている。前者においては、衆愚社会になっていないが、後者においては、衆愚社会となっているがゆえである。

私は毎年一冊の本の出版を心がけている。だいたい新年早々には本年の著作のテーマを決定し、春から資料集め、材料入力をし始め、執筆し始めるのは5・6月で、夏の暑い日に喫茶店で最終原稿の推敲をするのがいつものパターンではあったが、今年は1カ月早く梅雨のシーズンのときに最終原稿の推敲をしようとなった。しかも梅雨が長引いたので、結果的にそれが実現することになった。

私は大学同窓の人とメール討論会をしているのだが、ときにはそれらの応対のために、原稿作成がずれることもあるため、本年5月15日には、いつも屁理屈で論戦を仕掛けてくる人との応対をビシッと絶つことにした。これは原稿作成に大いに役立ち、それから大いに捗り、思惑どおり、7月20日で原稿完成となったのである。

テーマ的には、第5章「選挙・投票の問題」と第7章「衆愚政治にならないために」では、大小多くの難問に突き当たることになり、大いに悩むことになった。日頃考えていないことや、知らないことを明らかにせねばならなくなり、その度ごとに図書館に行って調べ物したり、ネット検索したり、チャットGPTも活用したりした。チャットGPTの答は参照はしたが、それを書き写すことはしていないし、それに添った書き方もしていない。それらを踏まえ、あくまでも自分の頭で考えることにした。なので、この二章については、何回も書き直しを迫られた。

本書の中身も、このメール討論会でのやりとりが大いに関わっているのである。21年の衆議院選挙ときは、選挙権年齢引き下げの問題、22年の参議院選挙のときは、有名人候補者の多さが問題となった。それ以外にも、日経に依拠するリベラルの論客と日経に依拠しない保守である私との間に、常に論戦があった。

日本人の多くは議論には興味もないし、議論できる人も少ない。大学人、マスコミ人などのごく少数の人は議論好きではあるが、それらの大多数は本書で勧めるディベートに目覚めた人ではなく、昔からいる、議論と人格の分離のできない、勝ち負けに拘った、屁理屈と詭弁を弄する人で、リベラルの人に多いことが分かった。彼等には、ファクトを重視し、ロジックで理論を築くという考えがない。これで分かった日本人の議論性向は、第6章第3節に、随分と入れ込むことになった。

日本が衆愚政治を脱して、欧米に互していくためには、議論教育と公民教育が必要である。そのことを訴えるために、『弁論術の復興』以来、文部省や外務省などに、その書を送り、いろいろ訴えてきたのだが、省庁からはことごとく無視された。今度こそは本書によって、衆愚社会阻止のためにも、議論教育と公民教育が社会的に取り上げられることを切に希望する。

２０２３年７月20日

年
野口悠紀雄『平成はなぜ失敗したのか――「失われた30」の分析』幻冬舎、2019年
荒和雄『よい世襲・悪い世襲』朝日新書、2009年
早坂茂三『駕籠（かご）に乗る人担ぐ人――自民党裏面史に学ぶ』ノン・ブック、1988年
高坂正堯「日本が“政治三流国”から脱皮するには」犬童一男、河井秀和、高坂正堯、ＮＨＫ取材班『かくして政治はよみがえった――英国議会・政治腐敗防止の軌跡』日本放送出版協会、1989年
小室直樹『田中角栄の遺言――官僚栄えて国滅ぶ』クレスト、1994年
プラトン（田中美知太郎、藤沢令夫、森進一、山野耕治訳）「国家」田中美知太郎編『プラトンⅡ』世界の名著⑦、中央公論社、1969年
青木育志『弁論術の復興――欧米式議論術の修得と教育の必要性について』青木嵩山堂、2008年
青木育志『「敵対型文明」と「温和型文明」』アジア・ユーラシア総合研究所、2021年
ヘロドトス（松平千秋訳）「歴史（抄）」村上堅太郎編『ヘロドトス、ツキュディデス』世界の名著⑤、中央公論社、1977年
トゥキュディデス（久保正彰訳）「戦史（抄）」村上堅太郎編『ヘロドトス、ツキュディデス』世界の名著⑤、中央公論社、1977年
澤田謙『プリュターク英雄伝』講談社文芸文庫、2012年

高島敦子『考える人を育てる言語教育――情緒指向の「国語」教育との決別』新評論、2005年
北岡俊明『ディベートがうまくなる法――議論・説得・交渉に勝つための技術』ＰＨＰ文庫、1997年
川口マーン惠美『サービスできないドイツ人、主張できない日本人』草思社、2011年
黒岩徹『豊かなイギリス人――ゆとりと反競争の世界』中公新書、1984年
川上あかね『わたしのオックスフォード』晶文社、1995年
木下民生「アメリカのスピーチ・コミュニケーション教育――自己表現のためのプレゼンテーション能力の開発」天理大学アメリカス学会編『アメリカス学の現在』行路社、2003年
秋澤公二『アメリカ人は英語で考える――日本人は日本語で考える』ごま書房、1988年
松浦嘉一『英国を視る――1930年代の西洋事情』講談社学術文庫、1984年
小関隆「クラブで学ぶ――労働者クラブの教育活動とシティズンシップ」小関隆編『世紀転換期イギリスの人びと――アソシエイションとシティズンシップ』人文書院、2000年
松山幸雄『しっかりせよ自由主義』朝日新聞社、1982年
横江公美『判断力はどうすれば身につくのか――アメリカの有権者教育レポート』ＰＨＰ新書、2004年
鈴木賢志、明治大学国際日本学部鈴木ゼミ編訳『スウェーデンの小学校社会科の教科書を読む』新評論、2016年、※原著はヨーラン・スバネリッド著
田崎清忠『英会話のすすめ（下）』講談社現代新書、1965年
松山幸雄『国際対話の時代』朝日新聞社、1985年
ケント・ギルバート『日本人の傾向と対策――トランプ大統領が嗤う』産経新聞出版、2016年

第７章

小室直樹『日本人のための憲法原論』集英社インターナショナル、2006

松本道弘『ロジックの時代――国際人の知的武装法』ＰＨＰ研究所、1980年
青木育志『「敵対型文明」と「温和型文明」』アジア・ユーラシア総合研究所、2021年

第６章

青木育志『弁論術の復興――欧米式議論術の修得と教育の必要性について』青木嵩山堂、2008年
青木育志『「敵対型文明」と「温和型文明」』アジア・ユーラシア総合研究所、2021年
青木育志『文明と野蛮が交錯するとき――敵対型文明と温和型文明を超えて』アジア・ユーラシア総合研究所、2022年
山本麻子『ことばを鍛えるイギリスの学校――国語教育で何ができるか』岩波書店、2003年
小山尭志『英国流リーダーの作り方――文武両道に秀でるには』テーミス、1996年
小川和久、佐々木良昭、川瀬勝『脆弱性――日本人は生き残れるか』曜曜社出版、1988年
松山幸雄『国際対話の時代』朝日新聞社、1989年
高市早苗『アメリカ大統領の権力のすべて――all about the U.S. presidential power』ＫＫベストセラーズ、1992年
池田潔『自由と規律――イギリスの学校生活』岩波新書、1949年
山本麻子『英国の国語教育――理念と実際』リーベル出版、1999年
小塩節『ちょっとイキな国際感覚』講談社、1990年
松山幸雄『イメージ・アップ――国際感覚を育てるために』朝日新聞社、1989年
トマス・インモース、加藤恭子（聞き手）『ヨーロッパ心の旅――異文化への道しるべ』原書房、1995年
ピーター・ミルワード（安西徹雄訳）『イギリスの学校生活』新潮社、1979年
ピーター・ミルワード（中山理訳）『イギリス・くにひと』英友社、1982年

ピーター・ミルワード『イギリス人と日本人』講談社、1978 年
松山幸雄『イメージ・アップ』朝日新聞社、1989 年
松本道弘『ハラ芸の論理』朝日出版社、1975 年

第４章

マーティン・ファクラー『「本当のこと」を伝えない日本の新聞』双葉新書、2012 年
松本道弘『ロジックの時代――国際人の知的武装法』ＰＨＰ研究所、1980 年
松本道弘『速読の英語』プレジデント社、1997 年
ケント・ギルバート『本当は世界一の国日本に告ぐ大直言』ＳＢ新書、2019 年
イザヤ・ベンダサン（山本七平訳）『日本人とユダヤ人』山本書店、1971 年
谷沢永一『山本七平の智恵』ＰＨＰ研究所、1992 年
青木育志『「敵対型文明」と「温和型文明」』アジア・ユーラシア総合研究所、2021 年
谷本真由美『世界のニュースを日本人は何も知らない』①～④、ワニブックス PLUS 新書、① 2019 年、② 2020 年、③ 2021 年、④ 2022 年
ケント・ギルバート『マスコミはなぜここまで反日なのか――日本覚醒の桎梏！』宝島社、2017 年
高橋洋一『「文系バカ」が、日本をダメにする――なれど、“数学バカ”が国難を救うか』ワック、2018 年

第５章

木下広居『イギリスの議会』読売新聞社、1954 年
木下広居『民衆・選挙・政治――これがイギリスの議会だ』読売新聞社、1965 年
木下広居『英国議会』潮新書、1966 年
松山幸雄『イメージ・アップ――国際感覚を育てるために』朝日新聞社、1989 年

山本七平『「空気」の研究』文藝春秋、1977年
小室直樹『日本人のための憲法原論』集英社インターナショナル、2006年

第3章

岩下貢『国際ビジネスに勝つ――ディベート作戦』毎日新聞社、1980年
松本道弘『ロジックの時代――国際人の知的武装法』ＰＨＰ研究所、1980年
青木育志『弁論術の復興――欧米式議論術の修得と教育の必要性について』青木嵩山堂、2008年
青木育志『「敵対型文明」と「温和型文明」』アジア・ユーラシア総合研究所、2021年
青木育志『文明と野蛮が交錯するとき――敵対型文明と温和型文明を超えて』アジア・ユーラシア総合研究所、2022年
松山幸雄『日本診断』朝日新聞社、1981年
松山幸雄『しっかりせよ自由主義』朝日新聞社、1982年
松山幸雄『イメージ・アップ――国際感覚を育てるために』朝日新聞社、1989年
松本道弘『知的対決の方法――討論に勝つためには』産業能率短期大学、1977年
一本松幹雄『新・開国のすすめ――ドナウから祖国を想う』日本工業新聞社、1980年
竹村健一『日本の常識　世界の非常識』幻冬社、2005年
田尾憲男『英国と日本』交通研究社、1975年
佐藤淑子『イギリスのいい子、日本のいい子――自己主張とがまんの教育学』中公新表、2001年
金山宣夫『比較文化のおもしろさ――匂いの意味から異文化間交渉術まで』大修館書店、1989年
横江公美『判断力はどうすれば身につくのか――アメリカの有権者教育レポート』ＰＨＰ新書、2004年
神野正雄『国際会議屋のつぶやき』日本経済新聞社、1971年

参考文献（本文で言及順）

第１章

小室直樹『田中角栄の遺言――官僚栄えて国滅ぶ』クレスト、1994年
青木育志『弁論術の復興――欧米式議論術の修得と教育の必要性について』青木嵩山堂、2008年
青木育志『文明と野蛮が交錯するとき――敵対型文明と温和型文明を超えて』アジア・ユーラシア総合研究所、2022年
木下広居『英国議会』潮新書、1966年
木下広居『イギリスの議会』読売新聞社、1954年
辻清明『陣笠の効用』日本評論社、1972年
マーガレット・サッチャー（石塚雅彦訳）『サッチャー回顧録』上下、日本経済新聞社、1993年
小室直樹『日本人のための憲法原論』集英社インターナショナル、2006年
山本満『不毛の言説――国会答弁のなかの日米関係』シリーズ日米関係⑩、ジャパンタイムズ、1992年
宮家邦彦『劣化する民主主義』ＰＨＰ新書、2021年
宮本政於『お役所の掟――ぶっとび「霞ヶ関事情」』講談社、1993年

第２章

村松岐夫編著『最新公務員制度改革』学庸書房、2012年
岡山裕、前嶋和弘『アメリカ政治』有斐閣、2023年
西山隆行『アメリカ政治――制度・文科・歴史』三修社、2014年
サンケイ新聞国際報道部『民主主義は生き残れるか――80年代国際政治の視点から』三修社、1980年
小室直樹『田中角栄の遺言――官僚栄えて国滅ぶ』クレスト、1994年
山本満『不毛の言説――国会答弁のなかの日米関係』シリーズ日米関係⑩、ジャパンタイムズ、1992年
宮家邦彦『劣化する民主主義』ＰＨＰ新書、2021年

著者略歴

青木育志（あおき・いくし）

1947年　大阪に生まれる
1971年　大阪市立大学法学部卒業
1971年　株式会社大丸（現、J.フロントリテイリング株式会社）入社
1999年　亜細亜証券印刷株式会社（現、株式会社プロネクサス）入社
2009年　同社退社　以降著述に専念

主　　著

『客観主義と主観主義・哲学の根本問題』（青木育志）
『自由主義とは何か』（新風舎）
『弁論術の復興』（青木嵩山堂）
『「新自由主義」をぶっ壊す』（春風社）
『河合栄治郎の社会思想体系』（春風社）
『教養主義者・河合栄治郎』（春風社）
『西洋文明の謎と本質』（青木嵩山堂）
『明治の総合出版社・青木嵩山堂』（アジア・ユーラシア総合研究所、青木俊造との共著）
『日本道徳の構造』（アジア・ユーラシア総合研究所）
『「主観主義」の哲学』（アジア・ユーラシア総合研究所）
『「敵対型文明」と「温和型文明」』（アジア・ユーラシア総合研究所）
『文明と野蛮が交錯するとき』（アジア・ユーラシア総合研究所）

ホームページ　「青木育志の書斎」（http://kyoyoushugi.wordpress.com/）

日本型民主政治とは衆愚政治なのか
——日本の政治風土の問題

2023年10月6日　初版第1刷発行

著　者　青木　育志
発行者　谷口　誠
発行所　一般財団法人 アジア・ユーラシア総合研究所
〒151-0051　東京都渋谷区千駄ヶ谷1-1-12
Tel・Fax：03-5413-8912
E-mail: ayusoken2021@gmail.com
印刷所　株式会社厚徳社

2021 Printed in Japan
ISBN978-4-909663-43-6